REENCONTRO
com a
VIDA

CARO LEITOR,

Queremos saber sua opinião sobre nossos livros.
Após a leitura, curta-nos no facebook.com/editoragentebr,
siga-nos no Twitter @EditoraGente,
no Instagram @editoragente
e visite-nos no site www.editoragente.com.br.
Cadastre-se e contribua com sugestões, críticas ou elogios.

SONIA HERNANDES

PREFÁCIO DE **APÓSTOLO ESTEVAM HERNANDES**

REENCONTRO
com a
VIDA

∞ **VENÇA O LUTO** ATRAVÉS DO ÚNICO REMÉDIO: **O AMOR** ∞

Diretora
Rosely Boschini

Gerente Editorial Sênior
Rosângela de Araujo Pinheiro Barbosa

Editora Júnior
Carolina Forin

Assistente Editorial
Tamiris Sene

Produção Gráfica
Fábio Esteves

Preparação
Amanda Oliveira

Capa
Rafael Brum

Projeto gráfico e diagramação
Renata Zucchini

Revisão
Leticia Teófilo e Thiago Fraga

Impressão
Edições Loyola

Copyright © 2022 by Sonia Hernandes
Todos os direitos desta edição
são reservados à Editora Gente.
Rua Natingui, nº 379 – Vila Madalena
São Paulo/SP – CEP: 05443-000
Site: www.editoragente.com.br
E-mail: gente@editoragente.com.br

Dados Internacionais de Catalogação na Publicação (CIP)
Angélica Ilacqua CRB-8/7057

Hernandes, Sonia

    Reencontro com a vida: vença o luto através do único remédio: o amor / Sonia Hernandes. - São Paulo: Editora Gente, 2022.
    192 p.

ISBN 978-65-5544-227-4

1. Desenvolvimento pessoal 2. Luto I. Título

22-2577   CDD 158.1

Índice para catálogo sistemático:
1. Desenvolvimento pessoal

Nota da Publisher

Ninguém está livre de passar por dificuldades e de perder pessoas queridas, infelizmente. As perdas fazem parte da vida, da convivência, das relações. Mas como seguir em frente? Nem sempre conseguimos sozinhos e é normal precisar de auxílio. Por isso, nesses momentos de dificuldade, é essencial contarmos com pessoas abençoadas e que possuem o conhecimento e a técnica para nos guiar no caminho de volta à vida.

É aí que entra Sonia Hernandes, mãe, empresária, cristã, empreendedora, líder religiosa, mulher como todas nós, lutando por uma vida melhor, mais saudável e iluminada por Deus, que também não está livre das tristezas da vida, mas que aprendeu a superar as dificuldades e a confiar no divino, sabendo que dias melhores sempre chegam.

Neste livro, Sonia compartilha conosco tudo o que aprendeu com a perda de uma pessoa muito querida e importante para ela, como sobreviveu à depressão e desenvolveu um método poderoso para contribuir com a sociedade, ajudando as pessoas a também superarem seus sofrimentos.

Em *Reencontro com a vida* você encontrará os dez passos utilizados pela autora para atravessar esse momento. Seus ensinamentos irão auxiliá-lo a recuperar o amor-próprio, honrar seus entes queridos e voltar a viver de maneira saudável, reconhecendo que toda vida é preciosa apesar do luto.

Abra a porta para um novo começo e permita que Sonia Hernandes o acompanhe nessa jornada, pois viver é bom e o amor é eterno.

Rosely Boschini • CEO e Publisher da Editora Gente

Agradecimentos

Em primeiro lugar, agradeço ao meu Salvador, Jesus Cristo, minha Luz e meu Caminho, a razão da minha vida, ao Espírito Santo Consolador que sempre esteve comigo em todos os momentos. Obrigada por me guiar, amar, cuidar e fortalecer em todos os momentos, bons e ruins, de alegria e de lágrimas. Obrigada por nunca ter desistido de mim e por me lembrar a cada dia que sou sua filha amada, que tenho promessas e um futuro para viver!

Sou imensamente grata a Deus pelo apoio da minha família, sem o qual este livro não seria possível. Ao meu marido amado, Apóstolo Estevam Hernandes, meu líder, meu exemplo, minha força. À minha filha querida, Fernanda Hernandes Rasmussen, minha melhor amiga, obrigada por seu amor, companheirismo, amizade e paciência, por todo o apoio durante a produção deste livro. Também agradeço ao meu filho Gabriel, que sempre me incentiva em todas as empreitadas. Aos meus netos lindos, minha restituição do Senhor, David, Estevam (Tetê), Carol, Noah e Ben.

Sou grata à minha família Renascer em Cristo, aos milhares de filhos espirituais que o Senhor me deu ao longo do caminho.

Agradeço a todos que me apoiaram no processo de construção deste trabalho, em especial às bispas Amanda Baldoni e Irene Correa, às pastoras Cláudia Pires e Mônica Vendrame e à Cláudia Bastos.

E, especialmente, agradeço profundamente ao meu amado Tid, o Tidão, meu filho querido, meu orgulho e alegria! Ele é e sempre será a razão da minha festa. A ele dedico com muito amor este livro.

Assim como a todos que perderam algum ente querido, mas que estão se reerguendo e buscando voltar a viver.

Muito obrigada por me deixarem fazer parte desta jornada.

Sumário

Prefácio 10

Introdução 14

Capítulo 1: O DIA 20

Primeira Chave: não permita que nenhum buraco
abismal se torne sua morada 36

Capítulo 2: O LUTO 38

Segunda Chave: sentindo ou não, querendo ou não,
agarre-se a Deus! 45

Capítulo 3: A ROTATÓRIA DA ANSIEDADE 52

Terceira Chave: crie uma rotina produtiva 66

Capítulo 4: CUIDADO COM A MORTE! 68

Quarta Chave: ressignifique 81

Capítulo 5: O PROCESSO 82

Quinta Chave: seja bondoso consigo, empenhe-se
em procurar conteúdos que façam bem para você 88

Capítulo 6: OS PRIMEIROS... 92

Sexta Chave: use o exemplo da ostra e faça
da dor uma pérola de grande valor! 98

Capítulo 7: LIMPE OS ARMÁRIOS 100

Sétima Chave: liberte-se do que o amarra
ao passado 109

Capítulo 8: VENCER AS VÁRIAS FACETAS DO SOFRIMENTO 110

Oitava Chave: vença as facetas do sofrimento 121

Capítulo 9: PERDÃO 122

Nona Chave: insista em perdoar! Você merece! 132

Capítulo 10: A VIRADA 134

Décima Chave: comece e termine seus dias com gratidão 141

Capítulo 11: RENASCENDO 146

Décima primeira Chave: receba a restituição de você mesmo em nome de Jesus 152

Capítulo 12: O SEGREDO 154

1º: Aceite e queira ser consolado por Deus 155

2º: Livre-se de toda a culpa e acusação 159

3º: Faça uma aliança com a vida 162

4º: Abra-se para ser transformado — entre, para o Processo Renascer 163

5º: Faça da Palavra de Deus a sua verdade 164

6º: Use armas espirituais 166

7º: Gratidão 167

8º: Organize-se 168

9º: Comprometa-se com o novo ciclo de Deus 169

10º: Renasça! 170

Conclusão 172

Décima Segunda Chave: persevere e coloque em prática tudo o que aprendeu! 187

Prefácio

Até o fechamento da edição deste livro, estávamos atravessando um momento extremamente crítico da história, em meio a uma pandemia que ceifou milhões de vidas em todo o mundo. Todos os dias nos deparamos com a impotência e a fragilidade humanas diante da realidade da morte. Os sentimentos gerados por essas perdas são terríveis e sufocantes! Perder alguém que amamos é sempre algo muito dolorido e difícil de entender...

No entanto, superar o luto é necessário, mesmo sendo uma das tarefas mais difíceis e desafiadoras que temos de enfrentar. A morte é algo que nos obriga, de uma maneira que considero bastante bruta, a abrir mão de uma relação, de uma vida, daquilo que planejamos, vivemos e construímos com aquela pessoa querida que se foi. Muitas vezes temos que abrir mão até do que projetamos para o nosso futuro.

A cada dia temos que lutar porque a superação é diária. Não tem como você esquecer a pessoa amada, simplesmente desligá-la dos seus pensamentos. Posso afirmar, por experiência própria, que superar é difícil, sim, mas não é impossível, principalmente quando temos a esperança da eternidade e o consolo do Espírito Santo. Assim, aprendemos a manter na mente e no coração a lembrança e, sobretudo, o amor que nos uniu a essa pessoa, porém sem nos aprisionarmos a um terrível ciclo de dor e sofrimento.

Por isso, um livro como este, que trata da vitória sobre a morte, é fundamental para nos trazer à consciência a importância de enfrentar essa realidade. Como cristãos, sabemos que a vitória está na perspectiva que temos da eternidade. A partir desse entendimento, é possível encarar a morte de maneira diferente, uma vez que a dor, a perda e tudo o que representa essa passagem começa a ser compreendido sob uma nova ótica.

Também enfrentei esse luto e acompanhei todo o processo vivido e descrito neste livro pela minha querida esposa Bispa Sonia Hernandes. Sofremos a perda do nosso filho amado após seu longo período de internação, que nos trouxe muito sofrimento. Mas buscamos entender o agir e o propósito de Deus em tudo e fomos avançando passo a passo. Não foi fácil nem rápido, mas hoje podemos afirmar mais uma vez: é possível seguir em frente quando temos nossa vida verdadeiramente entregue nas mãos de Deus. É possível ser feliz com a força do Espírito Santo e é isso que você vai aprender lendo estas páginas.

É importante entender que cada um tem uma maneira de viver esse processo. Eu, particularmente, passei por algumas fases... A primeira delas foi muito, muito difícil, e eu pensava que seria insuperável. Eu e meu filho tínhamos uma relação muito próxima, vivíamos vinte e quatro horas por dia juntos, então o impacto do momento da passagem dele foi muito doloroso para mim. Inicialmente me trouxe uma tristeza muito grande, um abatimento interior profundo. Lutei todos os dias para me manter em pé, para continuar caminhando.

Na fase seguinte, em um determinado momento imaginei que não teria mais alegrias, que as coisas tinham perdido o sentido, o brilho. Mas então tive uma experiência muito forte com Deus! Ele trouxe ao meu coração o consolo do Espírito Santo e abriu meu entendimento. Passei a compreender que Deus tem um plano, uma missão, um tempo para cada um de nós. E que eu teria que ser grato pelo tempo que convivi com meu filho. Entendi que não era certo fazer da morte dele a minha própria morte, mas que era possível seguir vivendo e honrando a vida dele, mantendo viva a chama da esperança de um dia reencontrá-lo.

PREFÁCIO

Tive que entregá-lo a Deus como uma oferta viva e isso realmente me levantou!

Eu vi exatamente isso acontecer na vida da bispa, e é isso que ela aborda neste livro. No início ela ficou muito abatida e eu percebia que, na maioria das vezes, ela tentava sufocar o choro e a tristeza. Mas, paulatinamente, foi superando, deixando Deus trabalhar. E ela foi se reerguendo e recebendo essa força interior, superando a cada dia. Foi um processo aprendido e vivido com essa força impulsionadora do Espírito Santo.

Recentemente passei por mais uma perda muito, muito dolorida: a do meu irmão querido. Outra vez tive de enfrentar a morte como uma grande realidade... E mais uma vez o Espírito Santo estava comigo, me guiando e me consolando.

Assim como eu e a Bispa Sonia nos levantamos, você também pode se levantar! Não encare a morte como um fim, e sim como início, porque o apóstolo Paulo nos fala em Filipenses 1:21 que para ele "... o viver é Cristo e o morrer é lucro". E ele mesmo também diz em ICoríntios 15:54-55: "A morte foi engolida na vitória. Ó morte, onde está sua vitória? Ó morte, onde está seu aguilhão?".

Ou seja, Jesus venceu a morte por meio do poder da ressurreição! E nós também temos esse poder, o poder de ressuscitar com Cristo.

Que você possa buscar consolo no Espírito Santo, manter as boas lembranças e não parar a sua vida em hipótese alguma!

Faça realmente valer o propósito. Saiba que Deus permitiu que você vivesse esse tempo com essa pessoa amada, que ela cumpriu sua missão na terra e que o Senhor a recolheu. Mas que você ainda tem uma caminhada e promessas para viver! Por isso, mergulhe nas páginas deste livro com o coração aberto para receber esta porção do Espírito Santo!

Tenho certeza de que, ao chegar ao final desta obra, você sentirá uma grande transformação no seu interior.

Boa leitura!

Apóstolo Estevam Hernandes

Introdução

Eu começo a escrever as primeiras linhas deste livro com um misto de sentimentos. O primeiro é o de alegria em saber o quanto esta leitura vai ajudar e impactar a vida de muitas pessoas. Sei disso por experiência própria, após ver e ouvir tantos testemunhos daqueles com quem tenho dividido esse processo que me fez voltar a ter alegria de viver. O segundo sentimento é de compaixão, porque ao ver tanta gente passando pelo mesmo que eu, e sendo minha missão de vida abençoar pessoas, não posso ficar simplesmente de braços cruzados.

O que você aprenderá durante os próximos capítulos vai gerar um sentimento de esperança, conforto e alegria que vem de Deus, algo que, talvez, você sequer imaginou ser possível.

A ideia de abordar este tema – a morte de uma pessoa amada – surgiu dos inúmeros pedidos de pessoas queridas que, ao se virem transformadas pela minha experiência, voltavam para me agradecer e me dizer que gostariam de ter a versão impressa do meu relato pessoal, sugerindo, por sua vez, que eu precisava escrever um livro sobre minha experiência.

No entanto, não foi fácil... Primeiro brotou em mim a vontade de escrever, depois o dever, porque eu enxergava a necessidade e o sofrimento das muitas pessoas que começaram a me procurar justamente por saberem o que havia acontecido comigo. Consciente da importância eu já estava, mas a iniciativa e a decisão de escrever só vieram mesmo com a pandemia da covid-19, quando passei a testemunhar o aumento da dor de famílias inteiras enfrentando o luto. Diante desse cenário, eu sentia que não poderia deixar para depois algo que poderia ajudá-las e transformá-las; senti que era preciso devolver a elas motivo e razão de viver e ressuscitá-las para o novo dia.

Geralmente quando me refiro a um novo dia, a reação das pessoas é de entusiasmo e alegria; porém, nesse caso, quando o novo dia é ter de viver com a ausência de quem amamos... o desejo é permanecer no velho, no ontem, para onde nossa mente e nossos sentimentos começam a fugir para ficar mais um pouquinho com a pessoa querida, ouvir mais uma vez a voz, abraçar mais uma vez que seja, beijar só mais uma vez, gargalhar e fazer planos mais uma vez...

Sair dessa situação e assumir esse novo dia é o que você tem agora em mãos. Receba com muito carinho este ensinamento de quem sabe muito bem o que você está enfrentando e que precisou superar todos os obstáculos, se reinventar, ressuscitar para uma nova vida, para escrever este livro. Me sinto devedora por ter recebido esta preciosidade de Deus: aprender como sair desse ontem, viver o hoje e inclusive gostar, encontrar sentido na vida e me alegrar nesse novo dia, além de voltar a sonhar de novo!

O que eu vou pedir é muito simples: comece a ler este livro esforçando-se para resgatar a alegria de viver mesmo depois de ter passado por uma perda irreparável e principalmente se você estiver precisando continuar vivendo e produzindo, conquistando.

Afinal, já que estamos vivos, que consigamos viver de modo satisfatório, ou seja, sem nos machucar e enfermar mais, de preferência com desejo de viver.

Ah! Como gostaria de ter recebido este material prontinho quando fui acometida pela perda do meu filho! Sabe, o que recebi de Deus, e espero que você também receba à medida que avançar com esta leitura,

INTRODUÇÃO

vai muito além das fases do luto[1] que você acaba pesquisando no Google ou YouTube. Recebi o que hoje chamo de "Processo Renascer".

Abra-se também para viver esse Processo Renascer! Ele fará com que você alcance um estágio mais elevado que o de ser consolado, e você vai amadurecer seus sentimentos, suas crenças, seu modo de reagir e suas atitudes, que consolidarão seu "novo eu". Um "eu" cheio de paz e segurança, resolvido com seu passado, pronto para o presente, habilitado para o futuro! Nesse estágio, ainda que precise remexer novamente em feridas quase cicatrizadas, devido às situações e intercorrências que as exporão, você não vai mais se sujeitar a essa dor irreparável, e terá força de superação para ultrapassar e continuar a sua caminhada!

Deixe-me perguntar: você quer mesmo ter vida após o luto?

É muito importante que você pare um pouco e responda a essa pergunta. Faça isso por escrito e em voz alta. Porque a única pessoa que não tem como mudar é aquela que não quer. Respondeu? Ótimo! Já que você quer mesmo ter vida depois do luto, então vamos caminhar juntos!

Para escrever este livro, precisei remexer feridas, chorar choros já chorados, mas não posso simplesmente ficar observando tantas pessoas enfrentando a dor que quase me matou sem dividir com elas o entendimento, o consolo, a superação, a vitória que tenho alcançado. Acredite, tenho visto centenas de pessoas mudarem suas atitudes e seus sentimentos diante do luto na prática do Processo Renascer. Pessoas que decidiram acreditar, buscar e ter uma vida que vale a pena após o luto, e que para isso se abriram para a transformação.

---

1 Segundo a psiquiatra suíço-americana Elisabeth Kübler-Ross, existem cinco fases não lineares e individuais do luto: 1) negação; 2) raiva/revolta (essa, segundo ela, pode se manifestar por meio de um estado de mágoa intensa, revolta e inconformismo, inclusive inveja e amargura, e, se não detectada a tempo, pode se tornar crônica); 3) barganha; 4) depressão; 5) aceitação. Respeito a pesquisa, mas não posso dizer que essas fases se aplicam a todos, não só por experiência própria, mas também fundamentada na experiência vivida no aconselhamento, na mentoria e no acompanhamento, que hoje em dia me permitiu acompanhar milhares de casos. Pessoalmente também porque não passei por esses estágios e porque o meu último, tanto na minha experiência como na das pessoas às quais tenho assistido, é o Renascer! No entanto, fica aqui a explicação.

Você descobrirá aqui, junto comigo, sua intensidade, suas nuances, e, por incrível que pareça, suas grandes recompensas e desafios. Ao final, será recompensado com uma paz e segurança literalmente sobrenaturais.

Fiz descobertas que acredito serem totalmente inéditas quanto a tudo que se fala sobre o luto e que, com certeza, Deus me deu para focar um propósito maior.

Sinto-me motivada pela certeza e alegria de saber que este livro iluminará mais pessoas nessa jornada tão desafiadora e doída, mas compensadora.

Devolver propósito e, principalmente, enxergar-se dentro da Missão de Deus para sua vida serão alguns ganhos que você terá.

PASSANDO PELO TÚNEL

Por meio deste livro, desejo que você enxergue luz no fim do túnel e mais, encha-se dessa luz!

Enxergue esse período de luto como um túnel, uma passagem dolorida, sofrida, que não gostaria de ter que passar, mas que ainda assim: uma passagem e jamais o seu novo endereço!

Você perceberá que, daqui para a frente, todas as situações que envolverem estresse emocional farão você lembrar também dessa dor, dessa ausência, dessa saudade, desse imenso desejo de abraçar mais uma vez a pessoa que agora está em outro plano (prefiro falar assim, em vez de "pessoa amada que morreu"). Quando isso acontecer, recorra para este livro, leia-o e releia-o até conseguir superar, equilibrar-se e seguir em frente. Aprender a não permitir que desafios e dores se misturem a essa dor é uma das fases desse processo. Saber e querer viver um novo ciclo, de modo a não ser consumido pela dor da perda, é algo que muitas vezes parece distante da nossa realidade, mas acredite, só parece!

INTRODUÇÃO

Vem comigo! Por incrível que pareça, há vida depois dessa morte: a sua vida! E ela pode, sim, ser feliz e cheia de sonhos! Entre nesta viagem para conseguir trazer à tona uma nova atitude, uma nova maneira de viver, liberta das cordas de morte que querem te prender e imobilizar.

Meu desejo é que você, ao terminar a leitura deste livro, passe a compartilhar esses ensinamentos com outros que permanecem no vale sombrio do choro e da dor. Que você também possa ter de maneira transbordante todo o poder de viver o novo dia!

Capítulo 1

O DIA

O dia em que recebemos a notícia ou testemunhamos a partida... Como descrevê-lo? Que dia é esse que mais parece uma noite densa e escura?!

Ele passa a ser um momento único, como se fosse maior do que o calendário, mas, mesmo assim, está dentro de um contexto...

Vou contar um pouquinho do que foi esse dia para mim. O dia em que meu filho amado, meu primogênito, foi recolhido. Como temos essa dor, esse desafio em comum, espero que meu testemunho leve você a entender e viver um processo de renascimento. Quero revelar, com detalhes que acho importantes, o passo a passo que me ajudou a atravessar esse período e que tenho certeza de que vai ajudar você também.

Quem me conhece sabe bem: meu dia a dia é repleto de milagres! É natural para mim milagres acontecerem, daí você pode imaginar como aumenta a minha dificuldade em conviver e superar uma perda. São inumeráveis os testemunhos de pessoas pelas quais orei e foram completamente curadas, inclusive aquelas em estado terminal.

O natural, no meu caso, é escrever um livro sobre como tenho vencido a morte, enfrentando-a cara a cara, por muitos anos, que foi também o que aconteceu comigo por intermédio da vida meu filho.

Durante quinze anos eu vi, em particular, Deus curar meu filho mais velho, meu primogênito, diversas vezes, inúmeras vezes, desde que os dois rins dele deixaram de funcionar inexplicavelmente! Mas esse também é um assunto para outros livros, assim como os sete anos seguintes, quando ele ficou em coma! Ensinamentos diferentes, experiências diferentes, aprendizados, vivências... é por isso que resolvi abordá-los separadamente.

Após quinze anos entrando e saindo de hospitais, época em que também passou por dois transplantes renais, meu filho sofreu um acidente vascular cerebral, um AVC, e se seguiram sete anos em coma até que, quando sofreu um ataque cardíaco, ele foi recolhido por Deus! Uma caminhada sobre a qual hoje posso falar com autoridade: TUDO tem um propósito proveitoso em nossa vida!

Acredite, mesmo que neste momento seja difícil entender.

CHEGA O DIA 14 DE DEZEMBRO DE 2016

Amanheceu um dia lindo, ensolarado, estávamos no interior de São Paulo, quando recebemos um convite para almoçar na praia com amigos.

Estávamos eu, meu marido, Estevam, minha filha Fernanda com seus filhos e também meu neto Estevam, o TT, filho do Tidão (ou Tid, apelido do meu filho Felippe Daniel Hernandes, que mora hoje no céu). Nós fomos para a praia e, quando chegamos, fomos dar uma volta no condomínio em que ficaríamos hospedados, conduzidos por nosso amigo.

Eu, nesses sete anos em que ele esteve em coma, praticamente não desgrudava do celular um só momento. Orava por ele pelo celular três vezes por dia, além de receber fotos e vídeos dos cuidadores me informando durante o dia e a noite sobre seu estado e parâmetros médicos, assim como o resultado das várias terapias que faziam parte da rotina dele no hospital.

Por descuido, meu celular ficou na bolsa naquele dia, mas no caminho, ao me lembrar, voltei para pegá-lo e notei que havia ligações perdidas de um dos seus cuidadores.

De pronto, retornei a ligação, e foi quando recebi a notícia:

— Bispa, o Tidão teve uma parada cardíaca durante o banho!

CAPÍTULO I: O DIA

Estava tudo bem, o cardiologista havia acabado de sair do quarto dele (ainda estava no hall dos elevadores), mas às pressas retornou para fazer, com outros profissionais, o trabalho de reanimação.

Um grito rasgou minha garganta, todos se voltaram para mim, pedimos que colocassem a chamada em vídeo, já nos preparando para retornar para São Paulo e ir direto para o hospital. Houve uma grande mobilização em nosso favor para que chegássemos o mais breve possível.

Soubemos que, nas várias tentativas de reanimação, houve algumas em que ele conseguiu manter batimento cardíaco por trinta segundos, quinze segundos, uma só batida, até que não reagiu mais...

A sensação que tive naquele momento foi de que meu peito estava sendo rasgado! Mesmo outras vezes tendo que receber notícias terríveis – por exemplo, quando soube que ele havia perdido os dois rins e, quinze anos depois, quando soube que ele entrara em coma, sem chance de sobreviver –, agora ouvir que ele tinha partido foi como se um terremoto tivesse tirado todas as forças de dentro de mim...

— Não é possível! Não é verdade! É um pesadelo e em breve vou acordar e meu filho estará completamente curado e sem sequelas...

Sim, foi um breve momento de negação, porque não tem como ficar insistindo nisso diante do que vai se enfrentar logo em seguida!

Acabou...

É difícil acreditar, assimilar e, ao mesmo tempo, não tem como negar o caixão à sua frente!

Como foi para você?

Como foi receber a notícia?

Ou você estava presente e viu seu amado partir?

Há sons e imagens que ficam dentro de nós fazendo um eco que só aumenta. É algo enlouquecedor, não é mesmo?

Parece que nunca mais iremos nos livrar desse som, desse eco, dessa sombra tão escura, desse lugar de loucura.

Você também não queria acreditar que era verdade? O estágio de negação foi bastante desafiador para mim, dentro do meu contexto, pois precisei não somente vencer como também ajudar os outros ao meu redor a vencer.

Uma pessoa muito querida nossa, que estava em jejum de doces durante os sete anos em que o Tid esteve em coma, tudo em prol de sua cura, ao deparar-se com o caixão, pediu que orássemos e clamássemos por sua ressurreição.

Mesmo quase dois meses depois da partida do Tid, ela ainda não conseguia comer doce porque, de alguma forma, se sentia responsável por ele não voltar a viver entre nós.

Nesse estágio de negação, vencemos entendendo e acreditando que a vontade de Deus é a melhor e que nela está embutido um propósito maior que descobriremos se tomarmos a atitude de sair espiritualmente do dia do falecimento.

O que espiritualmente aconteceu com essa pessoa amada que não conseguia comer doces é que ela "estacionou" no dia do falecimento do Tid, no choque da notícia que colocou por terra toda a expectativa de cura cultivada naqueles sete anos.

Esse tipo de consagração (o jejum) nos isola do momento de sofrimento para viver o que desejamos e está dentro do poder de Deus. Ou seja, focamos nossa vida em direção ao desejado. De maneira nenhuma essa atitude é frustrada, mesmo que a resposta seja diferente da esperada, porque, enquanto estamos nessa consagração, somos alimentados pela esperança de que Deus fará o melhor, e isso nos preenche da Presença maravilhosa do Amor de Deus que não nos deixa confusos.

O texto a seguir explica o recurso que usei para me orientar. A Bíblia, para mim, é a verdade absoluta que sempre me faz enxergar caminhos até então inexistentes, mesmo em meio à desorientação. Tenho isso não só porque fui ensinada assim, mas também porque não há como contar as experiências que tenho com a Palavra de Deus, que sempre me organiza e me capacita a superar e vencer, e posso afirmar, sem exageros, que é algo que vivo diariamente.

O texto que cito a seguir fala para onde direcionar-se em meio a catástrofes, lutas, guerras, enfim, em meio ao caos. Nesses momentos, deve-se, em especial, manter-se firme e perseverar na convicção de que Deus está no controle de tudo e de que Ele traz "alegria" no sentido de nos ensinar o que fazer com a tragédia; "alegria" no sentido de ânimo por sabermos como nos protegermos de imediato. A desorientação muitas vezes traz maior devastação do que a própria tragédia.

> "E também nos alegramos nos sofrimentos, pois sabemos que os sofrimentos produzem a paciência, a paciência traz a aprovação de Deus, e essa aprovação cria a esperança. Essa esperança não nos deixa decepcionados, pois Deus derramou o seu amor no nosso coração, por meio do Espírito Santo, que ele nos deu."
> **Romanos 5:3-5 Nova Tradução na Linguagem de Hoje (NTLH)[2]**

A capacidade de ser paciente para conseguir processar tudo o que se está passando e receber luz de Deus para saber o que fazer daqui para a frente é um poder que nos foi deixado por Jesus Cristo por meio do Espírito Santo e está disponível a todos que O buscarem!

Posso garantir que funciona muito! Enxergue e busque sua solução Naquele que é Especialista em Resolver Problemas, inclusive os insolúveis aos olhos humanos!

Afinal, essa pessoa amada que, com sua fé, tanto me ajudou a suportar e viver os sete anos em que o Tid esteve em coma também al-

---

2 A versão utilizada para padronização dos trechos bíblicos acompanhará cada uma das citações. (N.E.)

cançou o estágio de viver o amor de Deus derramado em seu coração pela esperança e convicção de que havia um propósito maior, e de que nele estava inclusa a partida do meu filho.

Como já disse, isso é um túnel e, por maior que seja, tem saída!

Siga em frente! *Keep going!*

Uma das chaves que você precisará usar muito nesse processo é não permitir que nenhum desses buracos abismais se torne sua morada. Faça pontes de vida sobre cada uma das fases do luto para que elas não engulam você.

Se, como eu, você também entende que a morte não combina em nada com essa pessoa que se foi, então estamos juntos: se há algo que até hoje não combina com o Tidão é a morte.

Costumava falar que se eu fosse uma indígena daquelas de filmes americanos de faroeste, que põe nome nos filhos associando-os a intercorrências da natureza, o Tidão seria chamado de "Festa", a Fê de "Luz do meu olhar", e o Biel de "Mel da minha boca".

Como acreditar que minha "Festa" simplesmente se foi, como se nunca tivesse existido, se ainda no meu peito ouvia tão nítido o som de sua voz e de suas risadas tão gostosas?

Dentre as muitas qualidades do meu filho, a alegria e a capacidade de encher um ambiente com vida eram muito marcantes nele. Ele movimentava as pessoas ao redor, com bom humor e inteligência, e fazia com que estar com ele fosse sinônimo de riso e de felicidade.

Voltando ao fatídico dia, tais pensamentos e sentimentos foram interrompidos pelos cuidados necessários para o velório, por exemplo, a roupa que seria colocada no Tid – ou melhor, no seu corpo, porque ele agora definitivamente não estava mais entre nós!

Avisar as pessoas, correr com os preparativos... meu marido me poupou disso, apesar de também estar fortemente golpeado pela notícia, mas me aguentou para ser meu maior apoio, além do amparo de toda uma equipe, incluindo a diretoria e funcionários do hospital.

Até mesmo o médico cardiologista responsável pelo acompanhamento do meu filho não conseguiu assimilar de imediato o ocorrido.

O Tid, apesar de ter ficado em coma sete anos, quatro meses e catorze dias, não tinha nenhuma cicatriz, nenhum membro retesado, não havia diminuído de estatura e também não dependia de aparelho nenhum. Estava fisicamente íntegro. Alimentava-se parenteralmente e nos primeiros quatro anos e meio havia feito progressos literalmente milagrosos!

O que os médicos sempre nos diziam era que faltava apenas ligar uma chave para que ele acordasse e saísse falando com toda a sua inteligência, vivacidade, alegria e perspicácia!

Pois é...

Chegou o dia em que nos despediríamos de seu corpo, porque não interagíamos com o Tidão como antes, mesmo durante o coma...

O choque, o grito de choro, a sensação de que não era verdade, a angústia, o desejo de que ele ressuscitasse completamente curado naquelas primeiras horas...! Por que não poderia ressuscitar totalmente curado, melhor do que antes? Não é?

Agonia se mistura com muitos pensamentos, sentimentos e, ao mesmo tempo, com o vazio mais dolorido. Se você está sentindo tudo isso, embora se sinta completamente abandonado, tenha certeza de que não está sozinho!

Não é só difícil de acreditar, é difícil também querer acreditar, porque de pronto não queremos acreditar, não é mesmo? É isso que geralmente acontece com a maioria das pessoas, mas o que você fará a partir daí é que fará toda a diferença...

Assim, você é a única pessoa que pode determinar para onde esse processo o levará. Somente você pode determinar até quando permitirá que a morte continue o matando.

REENCONTRO COM A VIDA

Escolha seguir o modelo de Deus que está em Sua Palavra e que nos livra do que pode nos matar em vida.

Daí a razão de você encontrar neste livro versículos-chave para seu sucesso no Processo Renascer. E por que versículos? Porque a Bíblia é a verdade que ao longo dos anos permanece guiando, salvando, respondendo e resolvendo vidas! Uma verdade que, apesar de perseguida e contestada, segue transformando e eficientemente salvando vidas! O Eterno tem propósitos inclusive nas situações que não os enxergamos!

Deus tem um projeto de vida para você, e nele até mesmo essa tragédia terá um propósito e há de cooperar para seu bem.

> "Sabemos que todas as coisas cooperam para o bem daqueles que amam a Deus, daqueles que são chamados segundo o seu propósito."
>
> Romanos 8:28 Almeida Revista e Atualizada (ARA) *In*: Bíblia Apostólica anotada por Apóstolo Estevam Hernandes

Essa Palavra deixa bem claro que Deus tem um propósito para cada um de nós, até mesmo a perda tem propósito, tem um "para que", creia nisso! Deus permite situações que nos fazem alcançar propósitos maiores! Não permita que os muitos "porquês" o impeçam de encontrar o "para que". "Porquês" não resolvem nossa vida, enquanto o "para que" nos dá um norte a seguir! Deus tem essa revelação para apresentar a você, no entanto logo de cara não temos condições emocionais para ouvir nem para entender, muito menos para assimilar. Tudo a seu tempo!

Organize sua mente para fazer dessa Palavra a sua verdade e você verá que essa calamidade cooperará para que novos horizontes se abram e façam bem a você, guiando-o para o descortinar de um Novo Ciclo, que o surpreenderá positivamente!

Já que está passando por essa dor cortante, então que essa passagem produza um fruto de bênção, até porque de dor a medida já está para lá de boa, não é mesmo?

Saiba, também, que a verdade é que você não é o único nessa situação, então nada de punir-se ou esmagar-se com culpas, choros destruidores e coisas do tipo!

Preste atenção nesta Palavra que selecionei:

> "Portanto, uma vez que estamos rodeados de tão grande multidão de testemunhas, livremo-nos de todo peso que nos torna vagarosos e do pecado que nos atrapalha, e corramos com perseverança a corrida que foi posta diante de nós. Mantenhamos o olhar firme em Jesus, o líder e aperfeiçoador de nossa fé. Por causa da alegria que o esperava, ele suportou a cruz sem se importar com a vergonha. Agora ele está sentado no lugar de honra à direita do trono de Deus."
>
> **Hebreus 12:1-2 Nova Versão Transformadora (NVT)**

Está vendo? O texto está falando que estamos rodeados de pessoas que têm passado por situações iguais ou bem semelhantes às nossas e que podem dar um testemunho de superação e de como superar todo esse peso que caiu sobre nós. Que precisamos manter nossos olhos em Jesus, porque Ele veio para salvar-nos e capacitar-nos a superar e a enxergar propósito e sentido em tudo o que estamos passando.

Como é bom ter a Palavra de Deus guardada em nosso coração e bem viva em nossa mente! Ela é realmente luz para nossos caminhos!

A Palavra fala o que fazer depois de uma situação como essa, em que parece que nossa vida também acabou e que a gente não tem muita vontade de continuar vivendo.

A resposta é sempre: "Olhe para Jesus, o Salvador, Autor e Consumador de sua fé e continue com perseverança, há muito mais!".

Isso é a Ponte para a Vida que o fará seguir sem cair nos buracos abismais de morte que se apresentarão durante o processo, buracos que têm força sugadora desejando e se esforçando para engoli-lo.

Você vai conseguir superar todas as dificuldades se, assim como eu, posicionar-se, não se deixar levar pelo luto e antes tomar as rédeas da situação, bloqueando pensamentos e sentimentos que se oponham a essa verdade da Palavra de Deus, e seguir porque precisa dessa Salvação de Jesus, salvação dessa morte, dessa dor, dessa loucura.

CHOROS E MAIS CHOROS...

Passado o primeiro choro com seus gemidos altos e abundância de lágrimas, virão as lágrimas que escorrem pelo rosto sem que precisemos chorar, elas simplesmente irão brotar e não irão parar de jorrar.

Nessa encruzilhada, mais uma vez, cabe a você escolher: andar pela fé ou enterrar-se nas evidências do momento, no buraco da depressão?

No meu caso, a certeza de que Deus estava no controle e de que essa era a vontade d'Ele me impediu de me desesperar ainda mais, mas não de enfrentar os dias que um trator parecia ter passado por cima de mim, e não só uma vez, mas várias!

Decidir andar pela fé não livra você de ser atacado, mas sim do poder dos ataques, porque a fé age como um escudo que protege e permite que "apesar de" você prossiga.

Nesse momento, é fundamental ter certeza do que você fez com a sua vida e de quem a dirige.

Quem está dirigindo sua vida? A morte?

Tem certeza de que vai entregar a direção de sua vida para a morte?

Se você me respondeu: "Não, não é a morte, mas sim quem a morte levou", respondo que tenho certeza de que quem se foi não gostaria de ver você assim! E, como geralmente me respondem esse questionamento, no que dependesse da pessoa que se foi, você seria a pessoa mais feliz da Terra!

Partindo dessa premissa, não é desejo da pessoa que se foi que você faça dela sua depressão, sua ruína, sua revolta, sua amargura, esse é o desejo da morte!

Para quem se foi, este mundo não tem mais nada a oferecer, ele(a) já o venceu! Mas para você ainda há uma missão a ser concluída, porque quem está vivo é você, então há o que fazer neste mundo.

Bom, retomando... quando tudo ficou pronto para o velório, era noite, e abrimos a visitação para as pessoas que já formavam uma multidão.

Gente que não víamos havia muito tempo, outros que nos surpreenderam com sua presença, eram tantas as pessoas que era difícil identificar todas!

Ficamos até de madrugada.

Tenha certeza de que o último lugar que queria ver meu filho era em um caixão!

Visão cruel!

É ou não é?

Sabe, durante a pandemia da covid-19 entrei em contato com muitas pessoas que lamentaram não poder ver seus queridos em um caixão, para despedirem-se e outras que nem em velório ou enterro puderam estar.

Você foi poupado.

Essa é uma imagem que, se voltar a ter em sua lembrança, trará maus presságios, não fará bem. Esse momento tem função de encerrar um ciclo, de nos ajudar a vencer o processo de negação, mas não é totalmente necessário.

Quero ser cremada.

Não quero que aqueles que ficarem tenham que me ver descendo em um buraco na terra. Quero que peguem minhas cinzas e espalhem no ar!

Que lugar é esse para o qual estão levando o corpo do meu filho? Não! Um caixão fechado, descendo por um buraco embaixo da terra? Ah! Meu Deus! Me ajuda!

Não era meu filho, era o corpo dele que estava indo para lá! Mas é difícil fazer essa separação, os sentimentos da gente não entendem assim.

Tantas foram as coroas e as flores que se amontoaram em uma pilha enorme por cima, e depois ao redor também.

Não consegui ficar para cumprimentar e agradecer a presença de cada um. Nós literalmente estávamos rodeados por uma multidão e agradeço a cada um que esteve presente, por cada flor enviada... Com certeza é mais fácil passar por situações como essas com o apoio de uma multidão!

Pedi desculpas a todos, expliquei que realmente não tinha condições de receber o abraço de cada um, mas queria que soubessem o quão importante foi que cada um estivesse lá!

Nos despedimos e fomos para casa.

Queria ficar quieta, vestir preto e ficar em silêncio na Presença de Deus. Sozinha? Não sei, acho que não, precisava da minha família, dos meus amigos, mesmo que não conseguisse interagir com eles.

Em um esforço, me reuni a eles! Me deram remédios para tomar, mas me recusei, orei e, impulsionada por uma força que veio do Espírito, permaneci ali com eles, afinal, eles também estavam sofrendo, e eu não podia nem queria agravar ainda mais o sofrimento dos que me apoiavam.

> Me agarrei a Deus mais ainda, porém um vazio,
> certa desorientação amanhece com a gente
> no dia seguinte! Esse vazio aparecerá, faz parte
> do processo de renascimento.

Decidir andar
PELA FÉ
não livra você
de ser atacado,
mas sim
do poder dos
ATAQUES.

Esse "vazio" não necessariamente é desabitado, também pode ser cheio de imagens, sons, lembranças, vozes e pensamentos que se atropelam em uma embriaguez que paralisa, rouba foco, vontade, alegria.

Contra-ataque novamente com a Palavra, como Hebreus 12:1,2. Fale a Palavra de Deus! Escreva-a! Fale alto! Compartilhe com alguém essa verdade, isso ajuda muito! Vencemos por meio da fé, da Palavra e das atitudes que tomamos de acordo com elas!

Eu repetia várias vezes a Palavra de Deus, em especial o versículo de Salmos 23:1, invocando que o Senhor me preenchesse... que fosse realmente o meu pastor (como diz o Salmo 23), o que me guia e me dá segurança, que não deixa me faltar nada. E eu não sabia como e nem o que pedir especificamente, só não queria mais sentir aquele vazio... Comecei contando em oração a Deus sobre o vazio e também que não sabia como viver aquela situação, que precisava que Ele me ensinasse a acordar, passar o dia, dormir... tudo!

Também fiz uso do louvor, que é um hábito meu, pois mantenho a minha casa em um ambiente de louvor. Naquele momento então fiz uma playlist de louvores que me ajudassem a ficar firme em fé, a não perder a conexão com Deus, a seguir adiante. Deus habita em meio a louvores. Sentir e encher-me da Presença de Deus é o que sempre me mantém forte, em paz e segura. Mesmo sem entender meus sentimentos e ter pensamentos atropelados por imagens, a Presença do Espírito Santo me coloca acima de tudo isso e me dá clareza espiritual para seguir "apesar de".

Quero convidar você a ter uma experiência com Deus agora. O louvor "Vontade", do Renascer Praise, diz que "há momentos em que o louvor é a melhor das orações". Isso é uma grande verdade!

Ouça o louvor "Vontade" e peça que o Espírito Santo, o mesmo que gerou esse louvor, invada sua vida. Declarar que ama a Deus e se abrir para ouvir a voz d'Ele faz com que as outras vozes se calem dentro de nós, inclusive a da morte. Isso vai fazer muito bem! Experimente!

CAPÍTULO I: O DIA

"Vontade"[3]

Vontade de ouvir a Tua voz
Vontade de pegar na Tua mão
Vontade de abrir o coração,
Pra receber a Tua paz
Simplesmente ser adorador
Buscando do meu Deus aprovação
Simplesmente como um filho Teu
Viver pra Te glorificar, Senhor
Há momentos em que o louvor
É a melhor das orações (2x)
Eu Te louvo, Te louvo
Te louvo, Deus de amor
Eu Te amo, Te amo
Te amo, Deus de amor
Eu Te adoro, Te adoro
Te adoro, Deus de amor
Eu Te exalto, Te exalto
Te exalto, Deus de amor

3 VONTADE. Intérprete: Renascer Praise. *In*: RENASCER Praise VIII - Restituição. Rio de Janeiro: Gospel Records Digital, 2001. Faixa 2.

PRIMEIRA CHAVE:
NÃO PERMITA QUE NENHUM BURACO ABISMAL SE TORNE SUA MORADA

Falo do dia em que meu filho foi recolhido por Deus como "o dia em que ele passou", e precisa ser assim: uma passagem. De maneira alguma faça desse dia seu endereço; mesmo sem vontade, sem acreditar ou conseguir processar com clareza tudo o que está acontecendo, busque luz! Busque Deus!

Se você não acredita ou não quer acreditar, tem outra religião, continue lendo, não permita que nenhum preconceito o impeça de receber as Chaves valiosíssimas que estão neste livro! Se ele chegou até suas mãos é para que tenha certeza de que é a vontade de Deus que você receba estas Chaves e saiba como usá-las. Sua vida foi, em primeiro lugar, desejada e planejada por Deus, desde quando você estava se formando no ventre de sua mãe, Ele tem planos para cada um de seus dias, mesmo que você não tenha sido o filho desejado.

O fato de você não saber e no momento não ter nem desejo de aprender como viver essa situação, não quer dizer que não precise se abrir para aprender!

O único que pode ensinar a vencer a morte é Quem a venceu, a Vida, Jesus!

Esta Primeira Chave é "abra-se para aprender a fazer dessa situação uma passagem". Sim! Marcará nossa vida para sempre, mas os dias e as noites não param de acontecer e saber o que fazer desses dias e noites de modo a não se machucar mais é o primeiro passo! Deseje descobrir o caminho que vai tirar você desse buraco abismal! Ele existe!

E sabe o que mais? Tem caminho trilhado para você! E, mais, a hora é agora! Reconheça inclusive o fato de você estar comigo até aqui!

Bora falar alto comigo:

"Deus, me ajude a crer e desejar sair deste luto, deste choro, deste abismo! Conforta meu coração e me ensina a viver daqui para a frente, porque no momento eu não sei! Entrego a direção dos meus dias nas Tuas mãos e Te declaro que preciso deste caminho que o Senhor já preparou para mim! Dá-me paz! Eu Te invoco de todo meu coração e me abro para que o Santo Espírito me console e me ensine a viver! Como Jesus venceu, também preciso e quero vencer esta morte e dor!".

Como orações são atemporais, estou em concordância com você! E quero reafirmar isso declarando: Está ligado em Nome de Jesus.

Capítulo 2

O LUTO

Como começar o *day after*, o dia seguinte?

Em primeiro lugar, não está nem em meu e nem em seu controle o início de um novo dia.

Queiramos ou não, o ciclo da vida continua!

O seu mundo e o meu podem ter parado, mas o dos outros continua girando!

A boa notícia é que seja qual for o ciclo de vida que estivermos vivendo – seja o de ter metas e objetivos bem definidos e estar motivado e inspirado por eles ou seja o de total desorganização e caos –, Deus tem uma agenda preparada para mim e para você, desde a época que nós ainda éramos uma massa informe no ventre de nossas mães.

"Tu me viste quando eu ainda estava no ventre; cada dia de minha vida estava registrado em teu livro, cada momento foi estabelecido quando ainda nenhum deles existia."
Salmos 139:16 NVT

Falei anteriormente sobre esse texto quando me referi à Primeira Chave.

Verdade liberta, ilumina, capacita e dá poder de superação e vitória!

Quando Jesus Cristo dirige sua vida, há, da parte de Deus, uma agenda diária para você, independentemente de qual for a situação que estiver enfrentando, inclusive o luto.

Então, em vez de se deixar levar pelo luto e pela morte, busque a direção de Deus, busque saber o que está escrito na agenda do Reino de Deus, o único caminho para se viver realmente.

Você não está limitado às situações que te acometem, a viver como as pessoas que se revoltam contra Deus, ou mesmo assolado e dirigido por essa perda. Você tem poder e autoridade para decidir o que fazer com o que está acontecendo em sua vida! Independentemente de ter sido vítima ou ter, por vontade própria ou por acaso, provocado a situação, o que fazer com o resultado ainda está nas suas mãos! Sim!

Deus tem uma agenda para mim e para você, uma agenda para que você termine seus dias agradecendo o bem d'Ele vivido e alegre consigo mesmo, e há algumas coisas que Ele quer realizar, completar em nossa vida, que ao final compensarão, então se disponha para vencer as etapas!

Como não podemos trazer a pessoa amada de volta, então, pelo menos, que a superação desse momento possa trazer bênçãos para a nossa vida, propósitos que façam valer a pena para nós e também para as pessoas ao nosso redor, concorda?

Por que não direcionar o significado dessa passagem para se tornar instrumento de crescimento e maior entendimento da vida como um todo e de como desfrutá-la com mais sabedoria e liberdade? Como tudo que nos acontece gera um fruto, que seja um então que acrescente, pois de perda já foi o suficiente!

A Bíblia chama a agenda de Deus de: Reino de Deus. O Reino de Deus é Sua regra, Seu plano, Seu programa para nós. Ele cobre todas as coisas no Universo, é a lei que regula toda a criação.

Por estarmos machucados, queremos que Deus abençoe a nossa agenda em vez de sermos abençoados porque estamos cumprindo a agenda d'Ele. Pensando bem, loucura, né? Por quê? Porque simplesmente no

CAPÍTULO 2: O LUTO

lugar de buscarmos em Deus a solução, "buscamos ser a solução de Deus". Aí, nos dirigimos a Ele e falamos: "Olha, o plano está feito, tá? A Tua parte é só abençoar, fazer com que tudo seja feito de acordo com 'minha vontade', e, de preferência, imediatamente!".

Só para organizar: quem é quem? Quem precisa e quem pode suprir?

Quem está debaixo do governo e do reino da morte e precisa ir para o Reino da Vida, que vence o governo da morte?

A palavra grega que a Bíblia usa para Reino é *basileia*, que significa, basicamente, "princípio condutor" ou "autoridade".

O Reino de Deus abrange tudo e tem autoridade absoluta sobre todas as coisas. Deus está governando tudo, mesmo quando esse tudo nos parece fora do controle.

Ter Jesus no coração também é ter Aquele que dirige o Reino por perto.

Aqui preciso que você entenda a diferença entre *aceitar* Jesus e *ter* Jesus no coração: aceitar Jesus no coração irá levá-lo ao céu; agora, ter Jesus no coração como seu Guia e Senhor trará o céu para sua história, e é exatamente isso que precisamos quando passamos por perdas tão cruéis.

O Reino de Deus tem Sua origem e Seu domínio na esfera espiritual. Isso fica bem claro quando Jesus foi inquerido por Pilatos. Antes de O crucificar, Pilatos perguntou se Ele era o Rei dos judeus. Preste atenção na resposta de Jesus:

> "O meu reino não é deste mundo. Se o meu reino fosse deste mundo, os meus ministros se empenhariam por mim, para que não fosse entregue aos judeus; mas agora o meu reino não é daqui."
>
> **João 18:36 ARA**

Quando lidamos com o luto e a perda, o único modo de não sucumbirmos é agir de acordo com a agenda de Deus, encarar a situação da maneira de Deus, buscando o reino d'Ele em primeiro lugar, ou seja, colocar-se para ser dirigido pela Vida! Que todos e tudo vejam Jesus agindo em nossa vida. Mais do que isso, que nós mesmos sintamos que, apesar dessa dor dolorida de luto e de tristeza, temos Luz que nos guia! Aqui, o grande Segredo é centrar-se em Deus, sair do centro! Buscar agradar a Deus e não à dor imensa que estamos sentindo...

Ou seja, meu coração e meus sentimentos precisam estar focados na busca de equilíbrio e poder para não serem levados pela situação, e isso só consigo espiritualmente.

Hora de acordar nosso espírito para Vida, para Deus!

Já que não há como ser o motorista dessa situação, entregue o controle a Quem não está embriagado pela dor e por mais uma mistura tóxica de sentimentos, medos, lembranças, sons, imagens... Entregue o controle a Quem, além de tudo, é o Caminho: Jesus. Abra-se para aprender como andar com Ele! Você vai amar, nunca mais vai desejar andar sem Ele!

Vamos começar respondendo estas duas perguntas:

- Como você acha que Deus gostaria que você agisse e reagisse diante dessa situação?
- Tuas atitudes têm manifestado que você está debaixo da direção de Deus e da Vida ou que está abaixo da direção da morte?

A chave é buscar forças onde puder e tenho certeza de que a acharemos em Deus! Fonte da Vida! Ele tem o controle de tudo, tem caminhos para andarmos, onde não há caminhos humanos.

Foi assim que comecei o dia... o "outro dia", o dia seguinte a essa grande perda: buscando Deus com mais fervor ainda e entregando tudo em Suas mãos! Clamei por misericórdia, por forças, por sabedoria, inclusive para conseguir enxergar por onde começar... Eu busquei cumprir a agenda de Deus, já que na minha só constava dor e um vazio imenso...

Aqui vão algumas perguntas que costumo fazer no início de cada dia e que me ajudam a seguir:

- De fato, o que eu quero hoje?
- Quem eu sou? Quem eu sou para mim? Para Deus? Para os que me rodeiam?
- Aonde quero chegar?
- Como eu quero chegar?
- Quais são os meus objetivos?
- Quem quero que chegue comigo?

Você pode tentar continuar vivendo com depressão e revolta contra Deus e o mundo; ou movido por ódio em busca de justiça pelo causador dessa situação, mas, enfim, concluirá que nada disso ajudará você a recompor-se. Não se permita ser o seu pior inimigo!

Daí, por fim, vai concluir como eu que:

Precisava aprender a viver de novo! Recomeçar! Renascer! Eu precisava saber quais eram os próximos passos na agenda que Deus tinha para mim.

Vivi trinta e sete anos com o Tid, bem mais do que a metade da minha vida. Tive o Tid com 20 anos e 1 mês, exatamente. Precisava, então, aprender a viver novamente, Renascer.

A consciência da necessidade de renascimento foi se definindo com o passar dos dias e das semanas.

A consciência de quem sou como um todo dentro do projeto de Quem me formou, dentro de Seus propósitos maiores de me fazer à Sua imagem e semelhança, me dá matéria-prima para mudar! Me incentiva a buscar minha melhor versão para cada situação!

Quando o Tidão estava internado em coma (e não se esqueça, foi por sete anos), ir ao hospital, ligar inúmeras vezes para ver e saber como ele estava, orar, clamar, buscar a cura, tudo isso ocupava grande parte do meu dia... E, de um dia para outro, isso havia acabado? Esse tempo parecia olhar para mim e dizer: chore, pare com tudo, pare com sua vida, busque fotos, vídeos, enterre-se no passado e não saia de lá! Destrua-se! Revolte-se!

Mas escolhi entregar a direção de minha vida para a Vida que é Jesus e não para a morte. Não é fácil! É uma decisão que nos obriga a ajustar sentimentos e pensamentos quase a cada dez minutos, meia hora... É impressionante como a mente foge para os buracos abismais, e, então, toca corrigir a rota quando perceber! No começo chega a ser cansativo! Mas sabe de uma coisa? Se deixar levar é mais que cansativo, é destruidor!

Se, no entanto acontecer, sem traumas e acusações, ok? Pior do que cair é ficar prostrado! Bora levantar e buscar mais força em Deus, sem ansiedade. Como? Por meio do louvor!

> "Jesus disse: 'Eu sou o caminho, a verdade e a vida. Ninguém pode vir ao Pai senão por mim.'"
>
> **João 14:6 NVT**

Quero agora entregar a Segunda Chave neste processo:

CAPÍTULO 2: O LUTO

SEGUNDA CHAVE:
SENTINDO OU NÃO, QUERENDO OU NÃO, AGARRE-SE A DEUS!

Esse vazio de esperança, de sonhos, de motivação para viver, como se o seu futuro também tivesse sido levado, precisa ser preenchido de alguma maneira. Preencha-o com a vida e não com a morte!

Somente Deus pode nos preencher com vida, com vontade de viver e nos dar vitória contra essa morte que agora quer nos matar em vida!

Uma das coisas que vivenciei no Processo Renascer é a compreensão de que a morte não fica satisfeita em levar quem amamos, procura também matar em vida os que ficaram.

Só há salvação em quem venceu a morte: Jesus! E o processo agora é abrir-se para ser ensinado e potencializado pelo Espírito Santo, com mentoria e acompanhamento de uma autoridade espiritual, de um discipulado, e pertencendo a uma Igreja fica bem mais fácil e rápido o aprendizado!

A morte espiritual, o esfriamento da fé, e até mesmo a revolta que os questionamentos causam vêm com tudo para nos derrubar... Por que Deus não curou? Por que Deus não poupou? Porque justamente o meu filho (ou seu filho ou a pessoa que você amava)? Essas verdadeiras batalhas só são vencidas espiritualmente por meio da salvação e da vida emanadas da

Presença de Jesus, do Espírito Santo que nos enche de paz! Sabe por quê? Porque a morte de quem fica, de quem sofre, é a maior arma do inferno, que, quando se apresenta, vem para apagar toda a luz de vida possível! O objetivo do inferno com seus demônios é apagar a luz de sua vida, já que não está no controle deles quem poderão levar.

A Presença de Deus em nós, e nós n'Ele, que é para onde o Espírito Santo nos transporta ao buscarmos a Deus, é o lugar onde você encontrará paz e descanso para seu coração, sua mente, sua alma! Ao encontrar esse lugar, ele passará a ser seu refúgio, seu Porto Seguro contra as assolações em sua mente e em seu coração, muitas vezes extrapolando para seu corpo, que também começa a ser maltratado com tudo isso...

ESCOLHA A VIDA, E NÃO A MORTE!

Posicione-se!

Esses "porquês" não o ajudarão em nada a viver, mas a encontrar um modo de deixar de sobreviver e voltar a viver depois de ter perdido alguém amado, vai trazer luz e, aos poucos, também vontade de viver, esperança em meio a esse imenso abismo de dor.

Se você invocar o Nome de Jesus, buscando ser salvo, Ele ouvirá e enviará o Espírito Santo, que ensinará também como viver, que dará forças!

Estar na Presença de Deus e mergulhar nela, ser completamente envolvido e preenchido por ela é o caminho para superar e vencer o luto!

Quero profetizar sobre sua vida o poder para ter a experiência de viver a verdade desta Palavra do Salmo a seguir:

CAPÍTULO 2: O LUTO

> "Louvado seja o Senhor, que dia a dia leva as nossas cargas! Deus é a nossa salvação. O nosso Deus é o Deus que salva; ele é o Senhor, o Senhor nosso, que nos livra da morte."
>
> **Salmos 68:19-20 NTLH**

Em Nome de Jesus, receba o poder de Deus para sobrenaturalmente viver a cada dia de tal forma que não terá como explicar como está conseguindo, e ainda há de se surpreender em alegria consigo mesmo!

A situação agora é a seguinte: conseguir viver mais um dia sem que essa dor esmague seu peito a ponto de a morte começar a dirigir sua vida!

Ou seja: **um dia de cada vez!**

Deus não nos deu uma semana para viver de uma vez só, sem intervalos de descanso, e nem um mês ou um ano, então a dose é um dia de cada vez, tá?

Um escape dessa morte, é disso que você precisa logo de cara nos dias e meses seguintes. Como alguém que teve a perna amputada e se pega tendo "coceira" no pé que não tem mais, você vai de repente enxergar a pessoa amada como se estivesse viva em todo lugar, escutar sua voz, confundir pessoas que vão assustá-lo por tamanha semelhança!

Aconteceu comigo!

Certa vez, eu subi para ministrar e vi, do altar, entre as pessoas que estavam na Igreja amada, alguém que era simplesmente o próprio Tid de tão parecido! Me pegava conversando com ele, como se estivesse ao meu lado, uma sensação que eu tive inúmeras vezes, em diversos lugares!

Houve vezes que também outras pessoas do meu convívio me contaram ter a mesma impressão, no mesmo dia, como se o Tid ainda estivesse ali! Mas não se deixe enganar! Graças a Deus nossa vida e história com o Senhor nos protegeu! Proteja-se você também com a verdade da Palavra de Deus. Sem essa de relacionamentos com queridos que estão agora em outro plano! Não se deixe manipular dessa forma! Se o fizer, será só para sua maior tortura e dor! Precisamos encerrar esse ciclo, e não o prolongar.

Faça da Palavra de Deus a luz que ilumina seu caminho. A pessoa que amamos se foi e agora está em outro plano! Essa é a verdade e ponto!

A dor e o desespero da ausência fazem com que enxerguemos fantasmas. Não os alimente!

Ao mesmo tempo que essa "visão" e "presença" parecem confortar, nos mantém na sombra da morte! Aí não é seu lugar e também não é o lugar da pessoa amada!

Há mentiras que iludem e trazem, a princípio, um conforto, mas o final é amargo. Esse não é o caminho! Antes, apegue-se ao Deus da Vida, encha-se da Palavra de Deus, firme-se e comprometa-se com a Igreja.

Sim! Com a Igreja! Porque só a Igreja, ou melhor, só sendo Igreja é que temos vitória contra as portas do inferno que vêm para nos tragar, engolir!

Você só conseguirá sair da sombra dessa morte se escolher a vida.

Essa Palavra de Deus é para você agora! O que você responde?

> "Hoje lhes dei a escolha entre a vida e a morte, entre bênçãos e maldições. Agora, chamo os céus e a terra como testemunhas da escolha que fizerem. Escolham a vida, para que vocês e seus filhos vivam! Façam isso amando, obedecendo e apegando-se fielmente ao Senhor, pois ele é a sua vida! Se vocês o amarem e lhe obedecerem, ele lhes dará vida longa na terra que o Senhor jurou dar a seus antepassados Abraão, Isaque e Jacó."
>
> **Deuteronômio 30:19-20 NVT**

O **Processo Renascer** é uma reaprendizagem que envolve todo o mundo espiritual. Você há de concordar comigo que é uma loucura o fato de uma pessoa ter sido – e ainda ser – tão presente em sua vida e simplesmente sumir! Coisas espirituais precisam ser tratadas espiritualmente, não há outra maneira.

Você vai precisar que Deus o ensine o que fazer com esse tempo que sobra, com essas imagens, sons e vozes que, ao mesmo tempo que o impedem de seguir e estimulam mais o sofrimento, também, por vezes, acalmam a dor da saudade.

Fé em Deus vai além do nosso entendimento, e essa é uma fase em que entender fica difícil, mas crer é possível!

Crer que há um propósito maior! Crer que Deus não nos deixará provar além do que podemos suportar, mas antes, com a provação, nos dará o escape! É o momento de buscar e pedir a Deus esse livramento, de encher-se da Presença do Espírito Santo. De buscar caminho em Jesus, que é O Caminho e Quem vai lhe dar o poder e autoridade para sair do controle dessa morte e ressuscitar para uma nova vida! Até porque nada mais será igual a antes, mas pode, mesmo em sua diferença, ser bom, feliz e surpreendentemente agradável e desejável!

Busque ser discipulado por uma autoridade espiritual. Na Renascer, temos grupos de discipulados inclusive on-line, também alguns específicos para essa situação.

REVANCHES

Imagine uma pessoa internada em um bom hospital e, já que não pode reclamar do tratamento recebido, da eficiência da equipe ou do motivo por que está internado, começa a reclamar da comida e até da própria sombra, credo!

Na situação que estamos enfrentando, um dos tipos de revanche que aparece em muitos casos surge por meio de um sentimento estranho de egoísmo que nos invade, como se a nossa dor tivesse que ser celebrada e, mesmo que alguém seja ainda mais ferido com isso, não importa! Importa que mergulhemos, em um salto, para nunca mais voltar dessa grande dor.

Esse sentimento, tenha certeza, é maligno! Demoníaco mesmo! Não tem nada a ver com a vida nem com o Deus que ela nos deu.

Trata-se de um egoísmo cruel para conosco e para com os que nos rodeiam. Literalmente sadomasoquismo demoníaco que vem para causar maior destruição, roubar a paz e o apoio daqueles que nos cercam, para, no fim, dar mais sucesso ainda à morte!

Não faça isso nem com você nem com os que estão ao seu redor! Já é difícil perder alguém amado, não vá piorar as coisas adoecendo ou causando uma dor maior aos que o cercam. Assim como você, eles também estão sofrendo e tendo dificuldade de achar um caminho para sair da sobrevivência e de começar novamente a viver.

Será possível, mesmo estando em meio a uma dor tão grande, enxergar a dor do outro? Tem gente que consegue, né? Então vamos ver... O que será que fazem os que conseguem?

Amor! Essa é a resposta! Pratique Amor!

Inúmeras vezes, olhar para meu marido amado, minha filha e meu outro filho e netos me fez tirar forças da fraqueza para não ser uma dor a mais para eles. Tê-los e preservá-los passou a ser ainda mais importante.

Eu precisava deles, embora também quisesse ficar sozinha e não falar com ninguém. Sentimentos assim, tão antagônicos, são os que mais aparecem! Cuidado com eles!

Como resolvi esse conflito, tão sofrido e angustiante?

Ah! Aí é que ter a espiritualidade desenvolvida é extremamente necessário!

Quais são as referências?

De onde você está partindo e aonde quer chegar?

Em que parte dessa caminhada você está?

Ainda que estejamos abaixo de zero e tenhamos tomado a decisão de colocar fim nesse luto, é importante saber onde se está, qual o estado atual e aonde se quer chegar!

Quem não sabe onde está nem para onde vai não chega a lugar nenhum.

No caso, eu me encontrava abaixo de zero! Não queria ser consolada! Queria chorar aquela dor, aquela perda, até que me consumisse e me levasse para junto de meu filho, embora soubesse que tal sentimento não vinha de Deus.

Entre saber o que é melhor e desejar esse melhor há uma distância a ser percorrida! Entre saber e praticar existe um abismo, outro buraco negro muito grande a ser ultrapassado. Humanamente é quase impossível, mas na força de Jesus Cristo se torna plenamente viável.

A decisão precisava ser tomada: eu precisava estabelecer um limite para meu choro e dor se não quisesse continuar perdendo pessoas amadas.

Busquei em Jesus, que morreu para nos salvar em toda a abrangência, que a Palavra Salvação tem!

Pensei em começar meus dias orando, e, nesse período em que eu precisava mais do que em outro tempo orar, colocar todas as minhas inseguranças, medos, mágoas e angústias diante de Deus, pedindo que me ajudasse a viver dali para a frente, foi o que fiz. O que significou ter um momento de oração no início de cada dia, inclusive escrevendo meus pedidos, desafios, medos, ansiedades e responsabilidades para colocá-los diante de Deus, e só sair dessa oração a hora que sentisse que havia realmente colocado tudo nas mãos de Deus e me sentisse aliviada.

Capítulo 3

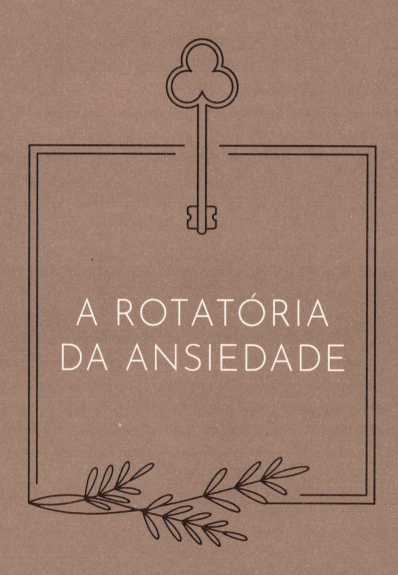

A ROTATÓRIA
DA ANSIEDADE

Outra encruzilhada nessa jornada que, na verdade, está mais para uma rotatória, é a ansiedade. Chamo de rotatória porque é um sentimento que aponta para várias direções:

- Ansiedade de querer de volta o tempo que passou, o que leva à estrada do saudosismo e da frustração;
- Ansiedade por se cobrar seguir em frente, o que o coloca diante de muralhas emocionais desafiadoras;
- Ansiedade por tudo e por nada que faz você girar, girar e não chegar a lugar nenhum.

Ei, acorde! Não caia no buraco negro de ficar em redes sociais que só consomem tempo e não levam a nada; ou na sonolência que vai engolindo dias e noites como se não houvesse mais amanhecer ou entardecer.

Organize-se!

Para tudo na vida, se quisermos ter sucesso, precisaremos de estratégias. Portanto, a decisão de não se deixar vencer pela morte, mas buscar na vida coisas que deem sentido a essa perda também requer estratégias. Estratégias para mudar!

- Não seria maravilhoso se a mudança acontecesse em um abrir e fechar de olhos? Se a resolução de mudar aconte-

- cesse logo que a tomássemos ou nos conscientizássemos da necessidade de mudar de vida?
- Quanto mais entendermos o processo da mudança, mais empatia podemos ter para conosco mesmo e para com os que estão buscando mudar;
- Alterar comportamentos de acordo com quem você é ou com quem você deseja e precisa ser passa por etapas.

Há algumas etapas que são comprovadas por estudos nesse processo de mudança, de sair do luto. Veja um pouco sobre cada uma delas:

1) FALTA DE CONSCIÊNCIA

Nessa etapa, você não sabe que precisa mudar. É uma etapa de pré--contemplação. A pessoa não acha que aquele tipo de comportamento é um problema. Se não sei, como vou mudar? Prestando atenção naquilo que os que estão ao seu redor apontam como problema. Essa etapa conta com a necessidade de tomar uma consciência que você ainda não tem – mas que as pessoas e situações ao seu redor estão requerendo de você.

2) CONTEMPLAÇÃO

Quando o indivíduo toma ciência do problema, mas fica meio indeciso sobre até que ponto ele deve fazer essa mudança, quando deve fazê-la e como vai executá-la. A pessoa considera os prós e contras da transição e os julga mais ou menos iguais. E, portanto, compromete-se com um, que chamamos de mudança. É possível pôr em prática nos próximos meses ou adiantar de algum modo.

Na contemplação é mais ou menos assim: sei que preciso mudar, sei que preciso melhorar, sei que preciso... Mas não sei como faço para isso começar. Nessa fase, você sabe de sua necessidade, só ainda não sabe como executar esse plano.

A consciência chegou, isso é um avanço.

Por mais que a pressão externa aconteça, a mudança não ocorre apenas por causa dela; ela acontece, de fato, quando o indivíduo decide mudar, quando toma uma posição.

3) PREPARAÇÃO PARA A MUDANÇA

É quando o indivíduo pretende agir e ele começa a fazer pequenas mudanças, por exemplo:

- Reduzir algum vício;
- Tirar o açúcar da manhã, mesmo que coma uma pizza inteira a noite com um litro de Coca-Cola;
- Se permitir ir a festas, a sorrir, e a não chorar tanto!

É como se a pessoa pensasse: *de algum modo estou criando um planejamento, estou fazendo mudanças.*

Nesse estágio, é importante ficar perto de pessoas ou se inspirar naquelas que já conquistaram a mudança que você quer alcançar, mas ainda não conseguiu.

Isso funciona se você o fizer sem criar ansiedade nem se acusar ou maldizer.

Exemplo: "Como sou incompetente", "como sou ridícula, lá estou afundada de novo nesta dor!".

Tenha autocompaixão e paciência consigo mesmo.

Sem isso, você não vai conseguir conviver com as pessoas que já superaram essa fase.

Entenda que é o seu processo, seu ritmo, são suas etapas, e terão idas e vindas.

Imagine-se como se fosse correr uma maratona: não basta decidir, tem que se preparar.

Tudo na vida tem que ter planejamento e preparação, dividindo as coisas em pequenos passos para poder andar o caminho inteiro.

Vá seguindo no processo.

Está pronto? Comece a criar estratégias, a dar os primeiros passos, mas aja quando finalmente estiver pronto para começar.

Prepare-se, escreva seus projetos sabendo que haverá idas e vindas e também que você não é incapaz: o que existe em condicionamento?

Você passou muito tempo com um comportamento X e não vai deixar de ter comportamento X para ter Y do dia para a noite.

Então é necessário paciência e acolhimento pessoal.

4) AÇÃO

(É o estágio que ainda vou começar.)

É a mudança intencional, ou seja, autodirigida, e não imposta pelo ambiente ou por outras pessoas. Se for algo imposto exteriormente, quando sair, você vai virar e falar "que se dane" e se afundar mais ainda no luto e na dor.

Mas quando você se autoimpõe essa ação, persevera.

Qual é o tempo da fase da preparação? Da fase da contemplação? Não há um tempo certo!

Cada pessoa estabelece quanto tempo vai durar uma contemplação, quanto tempo ela vai levar no intuito de se preparar para essa mudança e em quanto tempo vai agir para que essa mudança aconteça.

É pessoal, e os ritmos são pessoais e intransferíveis.

Essa etapa é quando nos levantamos para a vida e a encaramos mesmo sentindo dor, vazio, ausência, saudades... simplesmente vamos assim mesmo.

5) MANUTENÇÃO

O foco principal é evitar recaídas. Mas, se elas vierem, lembre-se sempre de que pior do que cair é ficar prostrado.

Vamos levantar e nos abrir novamente para a superação!

6) RESCISÃO

Quando o indivíduo não se sente mais tentado a usar comportamentos equivocados como método de enfrentamento da vida. Exemplos:

- Estou triste – vou comer;
- Sinto ausência e saudade – me tranco na depressão;
- Estou ansioso – passo horas nas redes sociais.

São vícios que sabotam a vida. Precisamos identificar os comportamentos que nos distanciam da mudança e nos posicionar. Qualquer pessoa que tenha feito Resolução passa por recaídas.

É óbvio que, se quero mudar de comportamento, também preciso me afastar das pessoas cujo comportamento não quero mais reproduzir e viver junto àquelas que têm comportamentos que quero ter. Conceituar mudanças faz com que o indivíduo passe da etapa atual para a que ele quer viver. Quando tenho noção dessas etapas, posso reconhecer meus pequenos passos e onde me encontro.

Reconhecer esses passos e onde eles estão me levando é muito importante para saber que tarefas tenho em cada um deles, tornando o processo muito mais pedagógico. Vale lembrar que as pessoas em estágio de mudanças estão lidando com tarefas diferentes das que estão em outros estágios.

Por exemplo, se estou em fase de pré-contemplação, vou me alimentar com mais insights para completar esse estágio o mais rápido possível e passar para o da ação. Quando estou na fase de contemplação, vou observar o impacto de minhas novas atitudes sobre as outras pessoas. Na fase de preparação, vou me beneficiar com um plano de ação.

Na fase da ação, por sua vez, preciso me beneficiar com a reorganização do ambiente, por exemplo: quando estou ansioso, automaticamente vou buscar doce, então vou eliminar esse estado; mas quando estou com saudades ou sinto vazio, corro para ver fotos antigas e vídeos... Ou quando está muito ruim, resolvo desabafar e tirar satisfação com quem me feriu, e aí vem o comportamento destruidor que só faz mal a mim e a quem está ao meu redor.

Na fase de manutenção, penso que vou me beneficiar de estratégias de prevenção de recaídas: como ir à igreja, ter um momento de oração, ouvir louvores o tempo todo, renovar minha aliança com Deus no altar, e por aí vai! E, finalmente, a fase de rescisão é quando você já sente que não há como ter mais recaída, aí é hora de inspirar pessoas a também mudar suas vidas!

> "É claro que somos humanos, mas não lutamos por motivos humanos. As armas que usamos na nossa luta não são do mundo; são armas poderosas de Deus, capazes de destruir fortalezas. E assim destruímos ideias falsas."
>
> **2Coríntios 10:3-4 NTLH**

A fortaleza do luto, da dor, do medo, da morte, da depressão e da desesperança vai tentar amordaçar e manter você em cativeiro. As armas espirituais do jejum, oração, meditação na Palavra, ser integrante da Igreja, e o depósito dos votos no altar farão com que você rompa com todos os tipos de prisão espiritual e emocional e o capacitarão a andar em liberdade mesmo que ainda esteja em dor.

Ter um mentor que seja uma autoridade espiritual facilitará prosperar na jornada do Processo Renascer. É de fundamental importância estar debaixo da Autoridade Espiritual em uma mentoria.

> "Crede no Senhor, vosso Deus, e estareis seguros; crede nos seus profetas e prosperareis."
>
> **2Crônicas 20:20 ARA**

LEMBRE-SE: VOCÊ ESTÁ EM GUERRA!

Você está em uma guerra espiritual que extrapola a dimensão humana. Satanás e seus demônios vivem ao nosso redor procurando uma ocasião para roubar nossa paz, nossa alegria de viver, e para destruir todo o nosso potencial de realização e conquista, assim como nos matar em vida.

Deus tem um plano de vitória para você, um plano que vai devolver a você o sentido de viver, mas, em contrapartida, Satanás e seus demônios também têm um plano. E eles são oportunistas, ou seja, os demônios são espíritos malignos que se aproveitam de nossas fragilidades, carências, traumas e orgulhos para nos destruir, nos descaracterizar e, assim, assumir o controle de nossa vida.

Daí a importância de fazer parte de uma Igreja, de estar orientado pela Autoridade Espiritual; ser monitorado, fazer alianças com Deus no altar e usar armas espirituais para superar todo esse luto e andar rumo ao propósito maior que Deus tem para sua vida.

ENFRENTANDO O MEDO

Outro sentimento que vem e que quer dominar é o medo.

Medo de perder mais alguém, de ficar só... medo! Eu precisava aprender a viver sem o Tid presencialmente, gostasse ou não, desejasse ou não.

Quando eu não conseguia formar frases e orar, clamava e invocava o nome de Jesus... Jesus Salvador! Jesus Redentor! Jesus que venceu a morte! Para que também me ajudasse a viver, em meio à onda de sentimentos, de não querer ser consolada, de querer chorar até o fim de minha vida e também quando sentia medo. Além disso, criava um ambiente em que Deus se manifestasse, o que é fundamental! Coloque louvores que tragam força e luz!

Medo de perder mais alguém, medo de confiar em Deus, buscá-Lo e receber um "não!". Medo de não ser poupada por Deus de outras perdas e/ou calamidades, medo de inclusive ter medo.

Medo é um espírito maligno que se aproveita de nossa impotência quanto ao presente e ao futuro, que vem para nos dominar e nos manter cativos da morte.

> "Porque Deus não nos tem dado espírito de covardia, mas de poder, amor e moderação."
>
> **2Timóteo 1:7 ARA**

Essa Palavra deixa bem claro que medo é um espírito e um espírito que não vem de Deus.

Nesse ponto, você precisa usar armas espirituais a fim de vencer esse medo e andar pela fé em Deus de que haverá bom futuro, de que o propósito maior Dele por meio de tudo isso se manifestará!

Busque forças na Palavra de Deus, medite, leia inclusive em voz alta para não perder o raciocínio; busque estar o maior número de vezes – se possível todos os dias – na Casa de Deus, na Igreja, em comunhão com os irmãos, debaixo de Mentoria Espiritual. Não passe por essa dor sozinho! Passe com o apoio da Igreja! Você viverá a verdade da Palavra de que contra a Igreja as portas do inferno não prevalecem!

Procure encher-se da Palavra o máximo possível; foi isto o que eu fiz: ouvi ministrações de meu marido, que também é meu Apóstolo,

CAPÍTULO 3: A ROTATÓRIA DA ANSIEDADE

Estevam Hernandes, e até mesmo minhas ministrações. Precisava ser reintegrada de mim mesma, precisava de forças, luz, pois me sentia esfacelada, me via muitas vezes completamente dissolvida em dor e choro.

Também investi em oração e louvor buscando forças por meio do Espírito Santo de Deus. Onde está o Espírito de Deus, não há confusão, pelo contrário, há liberdade! Vi de dentro de mim brotar o louvor a Deus, o que liberta! O louvor liberta!

Dessas experiências e desses tempos nefastos, brotaram louvores que compus, por exemplo este:

"Consolador"[4]
Tem dor que a gente sente
E o jeito é sentir
Só tem um que nos entende
E seu Nome é Jesus
Ele sabe como fala, como cura o coração
Ele supre toda a falta
Derrama o Espírito e traz consolação
Consolador, Amigo
Espírito Santo querido
O que faria se não estivesses junto comigo
Espírito Santo querido,
Tudo tem cura, tudo tem cor
Sinto alegria mesmo na dor
É a Tua Presença
Tua Presença

---

4 CONSOLADOR. Intérprete: Renascer Praise. *In*: RENASCER Praise XVIII – Canto de Sião. Israel: Universal Music Group, 2013. Faixa 5.

> *É tudo o que eu preciso*
> *Ouvir Tua voz faz acalmar meu coração ferido*
> *Unge meus olhos com colírio,*
> *Faz-me enxergar a Tua face*
> *Sou teu, Jesus, somente teu!*

Então, procure encher-se do Espírito Santo por meio do louvor, da oração, ao ouvir e meditar na Palavra de Deus, ao fazer parte ativa de uma Igreja, mais do que em qualquer outro tempo, pois onde está o Espírito de Deus não há confusão e obtemos uma liberdade sobrenatural que nos capacita a nos alegrar, trabalhar, produzir. Posso afirmar com grande autoridade: como é bom ter por quem e por que lutar!

Isso não nos dá espaço para sofrer tudo que nosso coração enganoso deseja sofrer, tudo que nosso querer enfermo quer nos impor; e isso é saúde! É providencial para não morrermos em vida!

SÓ O ESPÍRITO SANTO PODE CONSOLAR

Agarrando-me a Deus, em uma tarde em que sentia que a dor da ausência, da saudade estava me sufocando, em oração ouvi a voz do Espírito Santo nitidamente me falando: Peça-me para ser consolada!

Tomei um susto!

CAPÍTULO 3: A ROTATÓRIA DA ANSIEDADE

Orava pedindo a Deus misericórdia, orava pedindo que me ajudasse a prosseguir, orava clamando e invocando o Espírito Santo, para que me enchesse e me desse graça e forças para viver, mas, especificamente para ser consolada, não havia pedido ainda...

Quando ouvi esse alerta do Espírito Santo me dei conta de que, embora inconscientemente, na verdade não queria ser consolada! Aquela dor, aquelas lembranças pareciam manter vivo o Tid em mim...

Quando a Palavra de Deus fala que nosso coração é enganoso, tenha certeza de que é verdade! Principalmente quando estamos debaixo de dor intensa, porque ela acaba abafando outros sentimentos.

A partir daquela tarde, primeiramente me abri diante de Deus, contando exatamente quais sentimentos e pensamentos me causavam dificuldade em querer ser consolada. Pedi que Ele me curasse e me tirasse da sombra da morte em que eu estava, que me libertasse do ímpeto de desejar sofrer e chorar, chorar e de ir também...

A partir daí, consegui sair da rotatória, de dar voltas e voltas sem sair do lugar. Encontrei uma saída, enxerguei uma luz no meu futuro e me abri, de verdade, finalmente, para que Jesus me consolasse.

Jesus salva! Clamei para que Ele me salvasse dessa rotatória que estava me engolindo.

Você precisa ter essa experiência de salvação! Clame também! Só pare de clamar no instante em que você se sentir a salvo.

Foi assim que o cego Bartimeu (Marcos 10:46-52) conseguiu enxergar, ele clamou até que foi ouvido, enfrentando a todos e tudo que queriam que ele se calasse.

Também foi dessa maneira que a mãe de uma filha endemoniada (Mateus 15:21-28) conseguiu libertação. Mesmo diante do não ela prosseguiu por uma migalha, mas sem perder a esperança, e alcançou a mudança de sorte.

Esse tipo de salvação só alcançamos com perseverança.

> "Portanto eu lhes digo: peçam, e receberão. Procurem, e encontrarão. Batam, e a porta lhes será aberta."
>
> Lucas 11:9 NVT

Deixarei, a seguir, um plano de organização para você praticar a cada dia com base nesta palavra de Filipenses:

> "Não se preocupem com nada, mas em todas as orações peçam a Deus o que vocês precisam e orem sempre com o coração agradecido. E a paz de Deus, que ninguém consegue entender, guardará o coração e a mente de vocês, pois vocês estão unidos com Cristo Jesus. Por último, meus irmãos, encham a mente de vocês com tudo o que é bom e merece elogios, isto é, tudo o que é verdadeiro, digno, correto, puro, agradável e decente."
>
> Filipenses 4:6-8 NTLH

- Informe a Deus suas ansiedades e seus medos por meio da oração e só saia da Presença d'Ele a hora que sentir que realmente desabafou tudo e veio a paz ao seu coração. Para isso, escreva cada item para ter certeza de que os entregou em oração a Deus;
- Peça a Ele que o ajude a se organizar por prioridades, para que seu coração não se engane;
- Faça uma rotina em que cada um desses tópicos esteja incluído, no sentido de avançar nem que seja 1% ao dia para solucioná-los;

- Não fique com pena de você, não faça concessões para si mesmo! A rotina nos ajuda a não nos perdermos em sentimentos como ansiedade, medo, autocomiseração, preguiça e desculpas;
- Se você não consegue respeitar suas rotinas, consagre a Deus em jejum! É provado que quando conseguimos manter uma rotina por vinte e um dias, estabelecemos um padrão mental que nos ajuda a criar hábitos saudáveis;
- Estabeleça uma rotina que inclua tempo para tomar banho, ir ao toalete, fazer refeições, assim como tempo de deslocamento entre um ponto e outro. É importantíssimo respeitar sua necessidade de sono. Há pessoas que com cinco ou seis horas se refazem, outras necessitam de oito horas, mais do que isso realmente é desnecessário;
- Crie pequenas recompensas para você a cada dia! Exemplo: ligar para quem você gosta usando para isso um tempo maior ou distrair-se com redes sociais durante um tempo estabelecido caso você alcance suas metas diárias mais efetivamente;
- Tenha uma rotina de alimentação saudável, e exercícios também comprovadamente combatem estresse e ansiedade!
- Comece o dia agradecendo e colocando diante de Deus os seus planos, compromissos e desafios, isso é fundamental! Assim como terminar cada dia agradecendo pontualmente o bem de Deus traz renovação!

Não tenha dúvidas de que você nasceu para vencer e ser bem-sucedido, algo que é muito necessário nesta geração!

Deus é Deus de abundância, e não de desperdício! Se Ele te formou e deu vida neste tempo e geração, tenha certeza de que os planos que Ele viu realizados em você vão fazer de você a pessoa mais #debemcomavida e com você mesmo e, por consequência, com Deus e com tudo que cerca você!

TERCEIRA CHAVE:
CRIE UMA ROTINA PRODUTIVA

Neste estágio do Processo Renascer, a Terceira Chave que tenho para entregar é: criar uma rotina produtiva para si mesmo. O Processo Renascer inclui abrir-se para novos hábitos, e eles só são adquiridos impondo-se uma disciplina e uma rotina que nos leve a alcançar novos objetivos, agora estabelecidos. Responda a estas perguntas, tenho certeza de que elas vão ajudar:

- Como você quer estar e viver daqui a três meses?
- E daqui um ano?
- Quais áreas de sua vida precisam ser replanejadas?
  - » MENTAL
  - » SENTIMENTAL
  - » ESPIRITUAL
  - » FAMILIAR
  - » SAÚDE
  - » PROFISSIONAL
- O que você pode fazer por cada uma dessas áreas?

É importante que você escreva o que você pode fazer por cada área da sua vida e faça um plano de ação estabelecendo metas e determinando tempo máximo para alcançá-las.

Isso fará com que sua mente e seus sentimentos se organizem, tenha foco.

Ter um planejamento com focos definidos impede que o mar de lágrimas e dor arraste você para a depressão, para a loucura, para a destruição.

Apresente, diante de Deus, a cada dia, seus objetivos e consagre--os no altar com votos. Essa arma espiritual impede que forças malignas se aproveitem da situação ainda fragilizada que você se encontra. Também fazer uso das armas espirituais é clamar ao Deus dos exércitos para que tome a frente nessa guerra, e quando Ele vai à nossa frente, a vitória é certa!

Capítulo 4

CUIDADO COM A MORTE

Lembre-se: a morte veio para levar a pessoa que você ama, mas ela vai querer matar em vida quem lhe der um pequeno espaço! Como não se deixar matar?

Ou melhor, como continuar vivendo agora com essa morte? Com essa perda?

Talvez seu desafio seja ainda maior, talvez tenha que conviver com a ausência, a saudade, e ainda assumir funções que nunca desempenhou, enfrentar situações econômicas e familiares piores ainda e, quem sabe, em meio a tudo isso, sentir uma culpa muito grande!

Aqui, aprendi que a solução é ressignificar.

Ou seja, buscar não só outros ângulos para enxergar a mesma situação, mas principalmente enxergar de que maneira pode ter sido o melhor que poderia acontecer.

Para ajudar você a avaliar as situações que aparecem, quero compartilhar uma pergunta que ouvi claramente o Espírito Santo me fazer quando eu estava nessa fase: "Você tem certeza absoluta de que estaria melhor se as coisas tivessem ocorrido do seu jeito?".

O dia em que ouvi essa pergunta, ao contrário do que costuma acontecer comigo, uma sensação parecida com um frio percorreu minha coluna!

Meu filho estava em sua melhor fase, no auge de seu brilhantismo, exercendo seu ministério, feliz, animado em fazer e realizar mais, construindo muitos sonhos e planos! Inclusive cuidando de sua saúde para conquistar novos sonhos e ir mais longe, e aí acabou envolvido e sendo vítima de uma tragédia tão grande... e aí? Não foi fácil a tarefa de ressignificar!

Nessa época, o Tidão também representava meu futuro, meu sonho... Só bem mais para a frente entendi que o nosso sonho tem que ser com a gente, e não projetado em outra pessoa!

Sabe, pouco mais de um ano depois, no dia 28 de março de 2018, quem foi recolhida foi minha mãe.

Primeiro: quem morreu, na realidade, continua vivendo, só que dentro de nós, com seu olhar, com suas risadas, até mesmo com suas maneiras de reagir e opinar sobre as situações. Então morte não é o termo acertado para essa pessoa. O melhor é dizer que ela foi para outro plano; ou que foi recolhida, ou que terminou sua missão na Terra; mas morta, definitivamente não!

Porque o que a vida juntou continua clamando dentro do nosso peito, em nosso coração e memória, e essa morte física não pode levar o que a vida juntou e que temos guardado no coração.

O que aconteceu é que ele, ou eles, terminaram sua missão de vida antes de nós. Cabe a nós, agora, terminar a nossa missão, que passa inclusive pela superação dessa perda sem fazer da pessoa amada a culpada por não cumprirmos a nossa missão com êxito.

Para isso, além desse ressignificado da morte, precisamos colocar limite no luto e partirmos para um novo ciclo de vida!

> "Não, irmãos, não a alcancei, mas concentro todos os meus esforços nisto: esquecendo-me do passado e olhando para o que está adiante, prossigo para o final da corrida, a fim de receber o prêmio celestial para o qual Deus nos chama em Cristo Jesus."
>
> **Filipenses 3:13-14 NVT**

É PRECISO RESSIGNIFICAR ESSE TRAUMA!

Trauma é toda situação negativa de forte impacto emocional pela qual uma pessoa passa.

Assim como somos capazes de memorizar algo de forma racional (como o telefone de alguém, uma fórmula, enfim...), o nosso cérebro também tem um sistema de armazenamento de situações do ponto de vista emocional. É claro que esse armazenamento funciona de maneira menos racional e mais emocional.

Quando existe um trauma, cientificamente tem se amadurecido a ideia de que esse processo fica gravado no cérebro de modo negativo, principalmente trazendo à tona as emoções e os sentimentos do que se viveu no exato momento em que se estava passando pelo trauma.

Isso, hoje em dia, é chamado de transtorno de estresse pós-traumático (TEPT), ou seja, toda pessoa que passou por uma emoção negativa, de impacto emocional grave e guarda resquícios dessa situação até o presente, está de alguma maneira sofrendo com o transtorno TEPT.[5]

Então é importante entender que todas as vezes que nos lembramos do momento da passagem, da perda, da dor, nossa memória ativa e traz para o presente toda aquela dor, mesmo quando não estamos passando por situação semelhante.

Vou dar um exemplo: minha filha Fernanda chegou à conclusão de que a TPM dela tinha mudado e que mergulhava de maneira exagerada em tristeza, choro e angústia depois da passagem do Tidão. Ela, quando

---

5 SBARDELLOTO, G; SCHAEFER LS; REUWSAAT AJ; KRISTENSEN, CH. Transtorno de estresse pós-traumático: evolução dos critérios diagnósticos e prevalência. Scielo Brasil, 2011. Disponível em: <https://www.scielo.br/j/pusf/a/szPNZDJmvMM6PzPNJvXRFQz/?lang=pt>. Acesso em: 27 mai 2022.

fez essa descoberta dirigida e relevada pelo Espírito Santo, conseguiu se reorganizar para não sofrer todos os meses tamanha queda abismal.

O ponto muito negativo desse estresse é que pode afetar toda a sua vida, impactando seu desempenho, relacionamentos, memorização.

Esse impacto, que também podemos chamar de gatilho, indica que toda vez que passo por alguma coisa que me lembre da situação de perda e da morte, vem à tona a memória emocional negativa que volta como uma prisão que me mantém sem perspectivas de vida e futuro.

Uma coisa que preciso ressaltar é que a memória traumática não segue um tempo cronológico, a gente não se lembra daquilo com menos intensidade a cada ano.

Por exemplo: você passa pelo trauma da perda de um ente querido, mas não faz nada para se recuperar emocionalmete e vai seguindo a vida. Você imagina que após um mês, um ano, quando o trauma aparecer, vai vir com menor intensidade, mas isso não é verdade, às vezes vem até maior do que quando sente pela primeira vez.

Já estive com pessoas que só foram iniciar seu luto dois anos após a perda de alguém amado. Entraram em um processo de negação tão forte que se esconderam em um ativismo que as impediu de sentir e processar os fatos.

Toda vez que passamos por situação traumáticas, gravamos na memória imagens que nos fazem lembrar do momento com muita clareza, sendo possível até descrever cheiro, clima, entre outras coisas.

Isso faz com que, tempos depois de termos passado pelo trauma da perda, ganhemos um novo sentimento: o de ficar sempre esperando algo ruim acontecer, como uma espécie de sistema de defesa! Ficamos sempre temerosos em perder mais alguém.

E não é porque queremos isso, mas sim porque vem na nossa mente essa memória ruim.

CAPÍTULO 4: CUIDADO COM A MORTE

A memória emocional negativa pode nos fazer viver sobressaltados, emocionalmente desequilibrados, temerosos diante da mínima chance de que alguém amado seja recolhido, e a força dessa memória emocional nos faz lembrar diariamente do dia da passagem, de como foi a perda, e tudo volta à tona com força.

Isso piora porque nos sentimos impotentes diante de tudo, fisicamente passamos a produzir mais adrenalina e noradrenalina, fazendo com que fiquemos sempre em estado de alerta, o que é péssimo!

Quanto maior é o estímulo emocional, maior também é o nosso poder de gravar a situação que passamos com muitos detalhes.

Essa lembrança faz com que fiquemos mais irritados, tenhamos fugas e incomodemos os que estão ao nosso lado apoiando, porque sempre estamos intranquilos, e muitas vezes essa atitude faz com que nos afastemos de quem está correlacionado com a dor. É daí que vem a quantidade enorme de divórcios, por exemplo, porque a pessoa quer fugir de quem lhe lembra da dor.

São muitas as sequelas se não tratarmos com o único que pode nos dar vitória sobre a morte, que é Jesus.

A fuga pode afetar a memória, provocar dificuldades cognitivas, de julgamento, de discernimento, de concentração, fazer a pessoa responder nas relações a partir de seus traumas e dores, o que significa reagir de maneira enferma e reativa em vez de interagir bem em uma relação saudável.

É possível, também, que você perca o prazer pela vida, fique apático, perca a empatia com outras pessoas porque a dor delas fica ridícula perto de sua grande perda.

Para ressignificar, precisamos nos posicionar e encarar o problema.

Há uma passagem na Bíblia que fala de um rei chamado Josafá.

Em dado momento, após uma verdadeira "lua de mel" com Deus, quando todas as coisas lhe iam bem, quando Josafá prosperou, enriqueceu, se fortaleceu e vivenciou paz por todos os lados, vieram três povos altamente belicosos, armados até os dentes para atacá-lo. Ele teve muito medo, mas canalizou esse sentimento e buscou a Deus e Seu poder, e fez também com que todo o povo jejuasse buscando salvação em Deus.

Deus enviou um profeta para ensinar como ele venceria, e a ordem foi: "Vá até onde estão esses três reis, encare-os, e fique parado, porque Quem vai vencer esta guerra Sou Eu", disse o Senhor.

Foi exatamente o que ele fez! Reuniu todo o povo de guerra, foram em direção aos inimigos, louvando e adornado ao Senhor, e Josafá se levantou e falou ao povo: "Creiam em Deus e vocês estarão seguros". Ou seja, acreditem que tudo está no controle de Deus, que te ama, e o medo irá embora, e continuou, "creia nos seus profetas e vocês irão prosperar". Acreditem em seus mentores espirituais, nas autoridades espirituais, e façam como eles estão falando e vocês viverão vitórias que só Deus poderia lhes dar!

Histórias como essas estão na Bíblia para nos orientar em meio ao caos!

Creia que essa morte faz parte de um plano de Deus onde tudo se encaixará, e você terá paz e ainda extrairá ensinamentos e crescimento pessoal, emocional e espiritual dos acontecimentos.

Creia nas autoridades espirituais e faça como estão ensinando, e você viverá alegrias maiores do que já viveu, maiores até mesmo do que seus melhores sonhos!

Só para terminar a história do rei Josafá, aconteceu que, quando eles subiram ao monte e encararam os inimigos, Deus enviou Seu Anjo e trouxe tamanha confusão entre os três reis que eles mesmos se mataram, deixando por baixo dos seus cadáveres tantas riquezas que o povo de Israel levou três dias para retirá-las e chamaram de Vale de

CAPÍTULO 4: CUIDADO COM A MORTE

Bênçãos aquele lugar onde jaziam os inimigos que se juntaram para derrotá-los, destruí-los e matá-los.

Quero aqui profetizar sobre sua vida: esse seu vale escuro de morte e dor se transformará em um Vale de Bênçãos em sua vida também! Em Nome de Jesus!

Veja como acontece a ressignificação:

- Encara-se o problema e fala-se dele para autoridades espirituais, na procura de restabelecer o sentimento de segurança em Deus;
- O segundo passo da ressignificação é reconquistar o controle do que está acontecendo em sua vida.

Lembra-se do que falei sobre minha filha e sobre a TPM dela ter como gatilho a morte do Tidão? Ela conseguiu identificar que sua baixa hormonal a deixava insegura, de alguma maneira ameaçada em sua capacidade de produtividade, e isso fazia com que sua memória de dor viesse à tona com tudo, para desmontá-la ainda mais. Identificado o problema, ele deixava de ter autoridade para controlar suas emoções, porque ela não se permitia mais ser levada por lembranças, vazios, saudades. Foi exatamente o que aconteceu com o rei Josafá: ele assumiu a sua posição de rei e foi junto com o seu exército encarar o problema. Ele não era mais uma VÍTIMA, porém aquele a quem Deus defenderia e daria uma grande vitória.

Enquanto você for a vítima que fez tudo certo e mesmo assim deu errado, ou a pessoa que é melhor do que muita gente que não vale nada, mas que continua a caminhar com eles por serem seus amados, a situação é simples: o que está dirigindo a sua vida e está no controle dela é a morte.

Porém, no momento que você se dispõe a acreditar que por trás dessa tão grande e irreparável perda há um propósito de vida e ressurreição de Deus para você em Cristo Jesus, essa verdade lhe libertará!

São muitas as sequelas se não tratarmos com o único que pode nos dar vitória sobre a morte, QUE É JESUS.

Esse passo da ressignificação é para que você, agora livre do controle que a memória de dor tem sobre você, possa reorganizar a vida de tal modo a ser restituída a sua alegria de viver pelo Deus que te deu vida, e que tem conservado você vivo!

Você precisa se forçar e se esforçar para sonhar novamente!

Sonhar é ter para onde ir! É ter foco na vida!

Seu foco não pode ser a morte. Não estimule comportamentos que levem à morte, mas tenha atitudes que tragam vida! Por exemplo: descubra seus sonhos, trace metas para o futuro, reorganize a vida, crie uma nova rotina.

A morte não pode ser o que vai conduzir sua vida daqui para a frente! Essa parte é a sua função no processo. É sua responsabilidade ser feliz daqui em diante! Você não pode cobrar essa felicidade de quem já se foi.

Não se trata de sentir, ou de querer, trata-se de tomar uma posição, de fazer uma escolha!

Escolha a vida!

E o que é escolher a vida? É buscar, em primeiro lugar, quem te deu uma vida, um propósito, uma missão daqui para a frente. Sempre que você não souber por onde começar, comece pelo Alfa, que é Jesus.

E o que significa isso? Será que o jeito que estou vivendo, no mínimo, agrada Àquele que me deu vida? Será que Ele me deu a vida para eu fazer o que estou fazendo com ela? Eu realmente estou buscando viver da melhor forma cada dia de vida que recebo?

Já que está com tempo para chorar tanto por algo que não está mais aqui, será que está fazendo do presente de estar aqui algo que vale a pena? Ou está fazendo dessa vida mais um peso? Se você está fazendo dela um peso, você quer se perder também? Tem duas coisas que não podemos perder na vida: nossa ligação com Deus e de nós mesmos. Nós vamos precisar de Deus para tudo. E sem nós mesmos, pense, como vamos viver? Você precisa de você para continuar.

Pois bem, tomada a atitude de sair do "menos zero", agora eu precisava não só definir aonde queria chegar como também me comprometer com esse resultado de corpo, alma e espírito.

Entende por que é preciso organizar-se? Estabelecer alvos, objetivos e também uma nova rotina que desenvolva novos hábitos? Mais uma vez, responda por escrito às perguntas a seguir:

- E você, como se sente?
- Como está sua vida?
- Como se enxerga daqui cinco anos se continuar com as mesmas atitudes? Como quer chegar daqui a cinco anos? O que precisará mudar?

Localize-se e defina aonde quer chegar. Feito isso, busque sabedoria, estratégias e poder do Espírito Santo.

E vamos começar essa nova caminhada, até porque a outra chegou ao fim da linha, não se tem mais para onde andar no passado.

O novo ciclo que está agora se iniciando, porém, pode e tem tudo para nos levar alegrias, conquistas e realizações ainda não alcançadas ou vividas!

> "Pentecostes de Amor"[6]
> Solidão é companheira calada e cruel
> Na cruz ao lado dela Cristo bebeu o fel
> No jardim, com seus amigos, abandonado foi
> Bem na hora da angústia
> Por mais que eu me sinta só
> Por mais que eu pense que tudo se foi

---

6 PENTECOSTE de Amor. Intérprete: Renascer Praise. In: NATAL todo dia. Rio de Janeiro: Universal Music Group, 2020. Faixa 18.

CAPÍTULO 4: CUIDADO COM A MORTE

Se em mim sangra medo e dor
E a voz da esperança não ouço mais
Sobre mim existe um plano de amor
Que não me deixa desistir jamais
E não importa a voz que grita no meu peito
Eu não sou órfão
Ele prometeu o seu (Espírito) Aleluia!
Espírito Santo perfeito
Santo, Santo
Pentecoste vivo
Acende com amor
Pentecoste vivo
Acende com amor
Mãos levantadas
Olhos pro alto pra ver o fogo descer
Avivamento queima aqui dentro
Pentecoste de Amor
Mãos levantadas
Olhos pro alto pra ver o fogo descer
Avivamento queima aqui dentro
Pentecoste de Amor
Sai dor pro abismo
Depressão nunca mais
Sai todo medo
E entre em mim o dom do amor
Depressão nunca mais (Depressão nunca
mais) nunca mais
Sai todo medo
E entre em mim o dom do amor

Mãos levantadas
Olhos pro alto pra ver o fogo descer
Avivamento queima aqui dentro
Pentecoste de Amor
Mãos levantadas
Olhos pro alto pra ver o fogo descer
Avivamento queima aqui dentro
Pentecoste de Amor
e pra ver o fogo descer
Avivamento queima aqui dentro
Pentecoste de Amor
e pra ver o fogo descer
Avivamento queima aqui dentro
Pentecoste de Amor
Oh! Oh! Oh!
Oh! Oh! Oh!
Oh! Oh! Oh!
Pentecoste de Amor!
Oh! Oh! Oh! (E vem do céu um som como esse)
Oh! Oh! Oh! (Impetuoso, cheio de amor)
Oh! Oh! Oh!
Pentecoste de Amor!
Yeh! Aleluia!

CAPÍTULO 4: CUIDADO COM A MORTE

QUARTA CHAVE:
RESSIGNIFIQUE.

Ressignificar é buscar enxergar a situação que veio para nos destruir e arrasar completamente do jeito que Deus enxerga. Há muitas formas de se enxergar e entender as situações que nos sucedem, escolha enxergar do jeito de Deus, que nada faz sem motivo, essa é a melhor forma de se viver!

Capítulo 5

O PROCESSO

Os dias, as semanas, os meses vão caminhando, e, quando você se dá conta, já foi mais de uma semana, de repente se passou um mês.

Qual o segredo para conseguir viver de verdade os dias seguintes?

Seja bondoso com você mesmo! Respeite seu luto, mas não o idolatre, dê um tempo para que possa se inteirar plenamente do que está acontecendo com você, mas não se perca!

Procure não recorrer a fotos nem filmes da pessoa que passou (não gosto de falar morreu, porque sei que a sentimos viva no coração, em uma lembrança que hoje é tranquila), isso só vai trazer mais sofrimento e, tenha certeza, de que essa dose que você está vivendo de sofrimento é mais do que suficiente!

O Natal, o aniversário, a Páscoa, são só dias de um calendário... Você sabia que o panetone do dia 24 custa menos da metade no dia 25? Que a notícia do jornal impresso de hoje vai embrulhar o peixe na feira amanhã? Cuidado! Nesses dias, é sempre melhor pensar no amanhã.

Há um versículo que está no livro de Jeremias e que diz assim: enquanto houver dia e enquanto houver noite, Deus conserva uma aliança com a gente (Jeremias 33:25-26).

> "Mas eu, o SENHOR, digo que fiz leis para o dia e a noite e leis que controlam a terra e o céu. E, assim como mantenho essas leis, também manterei a aliança que fiz com os descendentes de Jacó e com o meu servo Davi. Escolherei um descendente de Davi para governar os descendentes de Abraão, de Isaque e de Jacó. Farei com que o meu povo prospere novamente e terei compaixão dele."
>
> **Jeremias 33:25-26 NTLH**

Amanheceu esse dia, também vai anoitecer. E daqui a pouco vem outro amanhecer confirmando essa aliança de amor que Deus tem conosco, que não permite que os dias ruins não terminem nunca mais. O que nunca termina na nossa vida é a bênção de Deus.

Esses são só os primeiros dias, muitos outros virão, e o quanto antes você se respeitar e buscar entender esse novo tempo, melhor será! Então, tome atitudes:

Ressignifique!
Posicione-se!
Reorganize-se!
Estabeleça metas!

Daqui para a frente entre em uma "força-tarefa" para encarar esse novo ciclo de maneira mais saudável e menos danosa possível! Seja bondoso com você mesmo, empenhe-se em só procurar conteúdo que o faça bem!

Tudo que vier para deprimir ou fazer com que a ferida aberta aumente e sangre mais ainda, precisa ser literalmente evitado: sejam filmes, conversas, fotos, lugares, músicas, tudo o que o coloque ainda mais refém da dor, seja lá o que for!

CAPÍTULO 5: O PROCESSO

Guarde bem a próxima Chave! Você precisará usá-la inúmeras vezes nesse processo de ressurreição! É a única maneira de realmente vivermos esse novo ciclo como nossa missão de vida, que passa por superar e prosseguir para novos sonhos!

Reorganize-se para ir mais longe!

Nesse processo, você precisará reorganizar até mesmo suas orações, que agora não serão mais necessárias para aquele que Deus recolheu.

Me pegava por vezes ainda falando o nome do Tid em oração, afinal foram trinta e sete anos, a maior parte de minha vida, orando por ele!

E pense: não é uma loucura ter que reorganizar suas orações? Lembrar que a partir de agora não serão mais as mesmas?

Você terá que Renascer para um novo ciclo de vida, reaprender a viver. Nunca mais será igual. Veja que é tão abrangente que atinge até nossos pedidos de oração.

Nunca mais será igual, porém isso não significa que será pior, mas com certeza será diferente. E começa com você, que também não é mais a mesma pessoa: está diferente.

Passar pela morte nos transforma, e cabe a nós escolhermos se queremos ser uma melhor versão, ou deixar-nos destruir. Escolha superar e desejar ser melhor!

> *"Eu estou determinado"[7]*
> *Você quer mesmo viver?*
> *Então é o seguinte*

---

7 EU estou determinado. Intérprete: Renascer Praise. In: RENASCER Praise XXI - Hosana. Rio de Janeiro: Universal Music Group, 2019. Faixa 3.

Vai para um lugar aonde acontece
Levanta
E se você quer
Você vai conseguir andar
Você vai conseguir sair
Você vai conseguir levantar
Deus vai te honrar
Me faz entender
O sentido dessa dor
Perseguido sim
Mas permaneci em Ti
Permaneci eu sei
Clamarei no pó
Um louvor me guiará
Firmarei os meus pés
Estou livre, eis-me aqui, Deus
Eu conheço a força que me faz vencer
Vem me enche dela e me faz renascer
Minha certeza que me cura
Meu escudo e socorro é Jesus
Minha alegria que me salva
O meu ânimo e socorro é Jesus
Eu estou determinado
Vou viver todos meus sonhos
Fé que rompe os meus limites
Eu decido, vou lutar
Ir até o fim com Deus
E me permitir ousar
Essa entrega muda tudo

CAPÍTULO 5: O PROCESSO

Me levanta e faz lutar
Me faz entender
O sentido dessa dor
Perseguido sim
Mas permaneci em Ti (Deus)
Eu conheço a força que me faz vencer
Vem, me enche dela e me faz renascer
Eu conheço a força que me faz vencer
Vem, me enche dela e me faz renascer
Eu estou determinado
Vou viver todos meus sonhos
Fé que rompe os meus limites
Eu decido, vou lutar
Ir até o fim com Deus
E me permitir ousar
Essa entrega muda tudo
Me levanta e faz lutar
Oh oh oh
Oh oh oh
Vou viver todos meus sonhos
Vou viver todos meus sonhos

QUINTA CHAVE:
SEJA BONDOSO CONSIGO, EMPENHE-SE EM PROCURAR CONTEÚDOS QUE FAÇAM BEM PARA VOCÊ

Se você é daquelas pessoas extremamente exigentes consigo, ou daquelas que têm dificuldade para conviver com a fraqueza de outros, ou mesmo mais inclinada ao perfeccionismo, esta Chave foi feita para você usar muitas vezes.

Se tem dificuldades de conviver com as próprias fraquezas, erros, carências, se é daquelas pessoas que quando está doente só vai acreditar quando não conseguir mais se levantar... é hora de olhar para você com mais amor, e ser mais bondoso e paciente para com sua vida.

O princípio número 1 do bom relacionamento é amar ao próximo como a si mesmo. Se você não se ama, sua relação consigo mesmo será péssima, e, por consequência, com os outros também!

Sabe, há pessoas que nem precisam que demônio nenhum as ataque, se elas ficarem sozinhas já se destruirão de maneira absurda. Tenha bons sentimentos, pensamentos e julgamentos sobre você. Entenda que por vezes você vai oscilar, mas que, na força de Deus, superará!

Fale de você para você mesmo, coisas boas, profetize sobre você e seu futuro cheio de bênçãos de Deus, agradeça a cada final de dia as coisas boas que viveu, liste pelo menos cinco!

CAPÍTULO 5: O PROCESSO

E, ao acordar, louve a Deus por ter mais um dia de vida, e pense desse dia apenas coisas boas!

Procure, durante o dia, anotar as pequenas coisas boas que você vive, por exemplo: comi o que tive vontade; dormi em uma cama limpa; dormi muito bem; tenho roupas para me vestir; realizei uma atividade que queria. E por aí vai! Esse olhar de gratidão nos faz ter soberania sobre os desafios do dia a dia.

Não se deixe acusar naquilo que você não se condena. Há situações em que os que nos olham de longe concluem que estamos sendo punidos por Deus, imaginam que devemos ter feito algo muito ruim e que Deus veio para nos castigar. Pode até parecer, mas não quer dizer que seja verdade.

Sabe, há uma pessoa na Bíblia, Jó, um homem justo que amava a Deus, e o servia de todo o coração, além do que Deus lhe pedia, tal o seu amor ao Altíssimo. Homem próspero e honrado, Jó tinha uma família linda, seus filhos inclusive gozavam de uma comunhão e amizade que os fazia dar festas para encontrarem-se todos os meses. Mas de repente o próprio satanás reclamou a vida de Jó com o argumento de que ele só servia a Deus assim, de bom grado, porque tudo lhe ia bem e não tinha problema algum. Deus então permitiu que Jó fosse provado, e uma sucessão de calamidades lhe sobrevieram: no mesmo dia seus rebanhos de ovelhas, jumentos, camelos, bois e vacas foram completamente dizimados; em outro dia foram suas propriedades que lhe foram roubadas e queimadas; no outro, seus filhos, que estavam todos reunidos em uma comemoração, foram todos mortos, e, ainda em outro dia, Jó caiu enfermo com tumores externos estourando em todo o seu corpo, as feridas o faziam ficar sentado em cinzas, e coçar-se com cacos de telha. Sua mulher, diante de tal situação, desesperou-se e, tomada de dor e angústia, virou para ele e disse: "Para que serve você ser tão fiel a Deus? Amaldiçoe-O e morra de uma vez! Sua fidelidade a este Deus não te poupou em nada!". Seus três amigos que sobraram diante dos primeiros problemas, ao verem as feridas, juravam que ele tinha feito algo muito grave contra Deus, e durante meses o assolaram acusando-o de arrogante a mentiroso!

Mesmo assim, Jó não blasfemou de Deus nem murmurou, reclamou ou se revoltou contra Ele, se manteve firme em sua fé! O segredo? Ele não permitiu que todas as sucessivas calamidades se apoderassem de seus sentimentos, antes manteve seu sentimento para com Deus intacto, chegando a declarar em meio a todo esse cenário desesperador que sabia que o Seu Redentor era Vivo, e que ainda iria louvá-lo por fazer com que toda aquelas desgraças, vergonhas, humilhações, dores e necessidades acabassem por fim redundando em bênçãos maiores.

E foi exatamente isso que aconteceu, cumprido o tempo de assolação, veio sobre Jó bênçãos tão grandes que aquela primeira vida boa, que aos olhos humanos não poderia haver melhor, ficou pequena diante do que Deus lhe deu e acrescentou, ele até duplicou seus anos de vida!

Jó não se deixou vencer nem pelas desgraças nem pelas contínuas acusações e julgamentos dos que o rodeavam; como conseguiu? Acho que aqui temos três passos de Jó que podemos aprender a ser bondosos conosco:

1) Jó não abriu mão de sua fé, de seu relacionamento com Deus, e isso se traduziu em não se permitir devotar contra Deus, e nem mesmo murmurar reclamações sobre a situação, não se viu como vítima.

2) Ele sabia exatamente quem era, e o que tinha feito de sua vida, por isso não se deixou abater e nem contaminar pelas palavras odiosas e pelas acusações que pesavam todos os dias. Embora a crueldade humana quisesse que ele entrasse em acusação e autopunição, ele se manteve como bênção para si mesmo.

3) Andou pela fé de que deveria ter um propósito maior para toda aquela assolação, que no momento ele não conseguia alcançar, mas que com certeza tudo aquilo fazia parte de um plano e propósito maior de Deus para sua vida.

Sabe de uma coisa? Não sei como será no céu, mas preciso agradecer a Jó! Sua vida e seu exemplo me ajudaram e me inspiraram a superar e ser bênção para mim mesma!

Capítulo 6

OS PRIMEIROS...

Vou contar o primeiro momento em que me espelhei em Jó: eu tinha um grande evento de mulheres no sábado seguinte ao enterro do meu filho: o +QV, um congresso das mulheres mais que vencedoras, ao qual decidi que iria.

Isso me ajudou muito a focar a vida, e não a morte.

Sabia, pela espiritualidade que tenho desenvolvido a vida inteira, que era importante continuar, superar, e dar propósito para toda aquela dor!

Mas não era só o +QV que constava em minha agenda de eventos naquele fatídico mês de dezembro, havia também o Natal se aproximando, o aniversário do Tidão no dia 28, assim como a passagem do ano...

O primeiro Natal, o primeiro aniversário, o primeiro Dia das Mães, o primeiro Ano-Novo... sem meu filho.

Como sobreviver a esses dias?

São momentos extremamente desafiadores e que já nos desafiam com antecedência, por vezes um mês antes. Talvez você sinta que sua imunidade fica baixa nessas épocas, pode apresentar até alguns problemas de saúde ao ver se aproximando esses dias de comemorações.

Em primeiro lugar, pense que cada uma dessas datas, graças a Deus, está restrita a um só um dia no ano!

Pensar dessa forma vai fazer bem!

O problema é que os dias que antecedem essas datas, como já disse, também são cruéis... Tome cuidado para não permitir que esses momentos destruam você! Lembre-se: você está em uma guerra espiritual, e o que isso quer dizer?

Quer dizer que há forças demoníacas empenhadas em fazer da ausência da pessoa amada no plano físico uma celebração à morte, nos destruindo e roubando nossa alegria de viver!

Não permita que esses demônios oportunistas assumam o controle da sua vida te sugando para esse buraco negro de depressão e desesperança.

Tenha em mente que esses dias que antecedem as datas comemorativas vão fazer com que tudo fique mais penoso, mais cheio de lembranças, de uma saudade sufocante que pode ser desesperadora!

Mas nada pode impedir que os dias passem. Por isso, resista ao desejo de voltar às fotos antigas, aos vídeos; resista à onda de medo quanto ao futuro e também da sensação de que a morte virá levar mais alguém querido; resista à ansiedade, ao desespero...

E como resistir?

Focando, consagrando-se a Deus e orientando-se por meio da mentoria espiritual e da Palavra de Deus!

Procure focar algo que realmente o faça se sentir importante, necessário, ou que se traduza em bem-estar para outros. Eis um valioso segredo: quando estamos nos doando, ajudando, produzindo frutos bons, tiramos o foco da dor, mesmo que temporariamente.

Eu sei muito bem que a vontade de sentir essa dor até que ela consuma todo o seu ser e leve você para junto da pessoa amada vai aparecer e de modo muito forte, querendo dominar todo o cenário e te consumir! E, não é só isso, ela virá acompanhada de um desejo forte de não continuar mais! Esse desejo vem do maligno porque rouba forças, destrói a fé e a esperança, e nos faz ficar totalmente controlados pela morte, quando nossa escolha deve sempre ser a vida.

A dor que se sente quando parte alguém amado é tão dilacerante que parece que só há uma solução: vivermos para morrer e, enfim, nos encontrarmos com a pessoa querida!

Mas, definitivamente, alimentar sentimentos como esses só piorarão a situação. Escolha a vida! Escolher a vida tem que ser uma atitude não só diária como também constante!

Você sabia que ostra feliz não produz pérolas?

OSTRA FELIZ NÃO FAZ PÉROLA

Conta uma lenda que havia, no fundo do mar, uma colônia de ostras enorme, com muitas ostras. Eram ostras felizes. Sabia-se que eram felizes porque, de dentro de suas conchas, saía uma delicada melodia, música aquática, e todas cantavam a mesma música, com uma exceção: uma ostra solitária que fazia um solo solitário. Diferentemente da alegre música aquática de suas vizinhas, ela cantava um canto muito triste. As ostras felizes se riam dela e diziam: "Ela não sai nunca da sua depressão...". Não era depressão, era dor. Pois um grão de areia havia entrado em sua carne e doía, doía, doía. E ela não tinha jeito de se livrar dele, do pequeno grão de areia. Mas era possível livrar-se da dor. O seu corpo sabia que, para se livrar da dor que o grão lhe provocava em razão de sua aspereza, arestas e pontas, bastava envolvê-lo com uma substância lisa, brilhante e redonda. Assim, enquanto cantava seu canto triste, o seu corpo fazia o trabalho – por causa da dor que o grão de areia lhe causava. Um dia, passou por ali um pescador com o seu barco. Lançou a rede e toda a colônia de ostras, inclusive a sofredora foi pescada. O pescador se alegrou, levou-as para casa e sua mulher fez uma deliciosa sopa de ostras. Enquanto deliciava-se com a sopa, de repente seus dentes bateram em um objeto duro que estava dentro de uma das ostras. Ele avaliou muito atentamente e sorriu de felicidade: era uma pérola, uma linda pérola, que apenas a ostra sofredora conseguiu fazer. Ele tomou-a e deu-a de presente para a sua esposa, que ficou muito alegre.

Isso é verdade para as ostras e é verdade para os seres humanos. Não permita que tragédia alguma coloque fim à sua vida! Receba o Poder de Ressurreição e Vida que há em Jesus Cristo para transformar a tragédia em beleza. A beleza não elimina a tragédia, mas a torna suportável e dá propósito! A felicidade é um dom de Deus maravilhoso, mas ela não cria nada, não produz pérolas. São os que sofrem que produzem a beleza, pois o objetivo é parar de sofrer. Quando nossa vida é guiada pelo Espírito Santo, acabamos por fim testemunhando que tudo coopera para o bem dos que amam a Deus e têm a vida dirigida por Ele.

Os dias que antes eram pura alegria e celebração não precisam ser necessariamente de choro e agonia, mas nos primeiros anos é mais desafiador, por isso trabalhe como as ostras para envolvê-los de modo a impedir que machuquem. Não há como impedir que esses dias aconteçam, e sim que eles remontem lembranças e dores que não têm nada a ver com a pessoa que agora não temos mais em nosso convívio material. Faça desses dias um memorial de gratidão pela graça de Deus de ter convivido com a pessoa amada.

O DIA A DIA VIRA UMA LOUCURA... QUE LOUCURA É ESSA?

Dias depois da morte do meu filho, cartas continuavam chegando em nome do Tidão, e-mails continuaram sendo enviados a ele, pessoas me tratavam como se nada tivesse mudado... e eu pensava: *que loucura é essa?*

Por ser tão grande a dor que sentimos, de repente achamos que o mundo deveria parar e chorar conosco! O mundo não deixa de girar, mas também não é assim: *siga a vida como se nada tivesse acontecido.*

E, como não se bastasse, você sai na rua e, de repente, acha que está vendo a pessoa amada. Impressionante como aparecem pessoas que de longe nos lembram daquela que se foi!

Aí o coração aperta, as lágrimas rolam, as saudades gritam dentro do peito... Vem o desejo de querer abraçar uma última vez, beijar uma última vez, ouvir novamente a voz... Nesse momento precisamos resistir para não afundarmos em uma tristeza e depressão profundas, pois queremos ver filmes antigos, fotos, escutar a voz gravada em momentos alegres que agora sabemos que nunca mais se repetirão...

A expressão "nunca mais" começa agora a assumir real significado. Deixa de ser uma expressão e se torna verdade!

Oportunidades são encaradas de outra maneira, porque agora se sabe muito bem o que acabou e não adianta querer novamente!

Acabou um ciclo! Acabaram os sonhos! Acabou uma história de vida! ACABOU, entende?

Que loucura é essa?

Como pode alguém tão cheio de vida e de planos simplesmente não existir mais?

Ou, melhor, não existe materialmente, porque dentro da gente continua falando, rindo, dando opiniões... E continua vivo com Jesus ao seu lado.

Deixe-me explicar: dentro de nós vem sempre a imagem da pessoa e pensamos... *Ah! Se estivesse aqui falaria isso... Se estivesse aqui teria essa atitude... Se estivesse aqui isso não aconteceria... Ah, isso está assim porque ele não está aqui, se estivesse seria bem diferente!...* e por aí vai!

Simplesmente é incontrolável. Quando menos esperamos, nos pegamos imaginando como seria cada situação se a pessoa estivesse viva e ativa.

E a loucura não para por aí!

Como vou comer se (no meu caso) meu filho não está mais aqui?

Comprar comida? Ir ao cabeleireiro? Me arrumar? Celebrar a vida?

O luto e o choro, não contentes com o dano causado, querem paralisar tudo!

Roubar o futuro! Destruir sonhos! Imobilizar-nos!

Vontade? Ih! Não conte com vontade, desejos espontâneos de ficar bem, de melhorar. Para isso, você terá que se empenhar muito!

Eu me vali de inúmeros votos e propósitos com Deus para me ajudar.

Uma das principais funções dos votos e propósitos com Deus é nos trazer forças espirituais de superação.

Propósitos desde chorar apenas cinco minutos por dia, em um jejum de choro, até de não ver fotos, filmes, nada que pudesse me colocar de volta em um ciclo destruidor de saudades e choro.

Votos que envolvem valores, esses eu faço continuamente, diante de Deus, no Seu altar, e eu sempre os renovo. Dessas alianças, pactos com Deus, eu tiro força e fé para continuar.

Use as armas espirituais do jejum e dos votos no altar de Deus. O jejum nos dá a vitória contra castas espirituais malignas.

Experimente: jejum de choro. Por mais triste que você estiver, se proponha a chorar apenas cinco minutos por dia. Chore para desabafar e ser consolado, nunca para se destruir.

Depois disso, levante a cabeça e siga em frente. Os dias difíceis vão passar, outros certamente virão, mas você aprenderá, cada vez mais, a confiar em Deus e seguir adiante.

Respire. Ore. Jejue. Louve. Viva um dia de cada vez.

SEXTA CHAVE:
USE O EXEMPLO DA OSTRA E FAÇA DA DOR UMA PÉROLA DE GRANDE VALOR!

CAPÍTULO 6: OS PRIMEIROS...

"Promessa"[8]

Parece mesmo que este dia nunca vai chegar
Parece mesmo que Suas promessas, eu não vou viver
Possuir a terra, onde há honra, leite e mel
Com meus filhos ao redor
Ver Suas bênçãos sobre os meus
Aquele que começou a boa obra em minha vida
É fiel, Ele é fiel!
Não descansará, não desistirá
Enquanto não houver terminado
Não vivo do que vejo, mas vivo do que creio
Sim, Ele é fiel, sim, Jesus é fiel
Eu não morrerei, antes viverei
Todo bem do Senhor, aqui na terra e no céu
Olhando para Ele, eu entro em Seu altar
Sentindo Seu Espírito, queimando o coração
Pai das luzes que não muda
Continua a me dizer
Que esta terra é minha e que nela eu vou viver

---

[8] PROMESSA. Intérprete: Renascer Praise. *In*: RENASCER Praise – A pesca. Rio de Janeiro: Gospel Records Digital, 1999. Faixa 1.

Capítulo 7

LIMPE OS ARMÁRIOS...

Esse é um grande desafio a ser vencido!

Deixe-me adiantar, antes de qualquer coisa: eu não queria me desfazer de nada do meu filho.

Já havia passado sete anos (os anos em que ele ficou em coma) que eu guardava e rearrumava os pertences dele. Tirava todas as roupas para lavar e passar, engraxava os sapatos, enfim tudo que estava comigo, porque eu acreditava que ele ia precisar usar quando voltasse do coma.

O Tid tinha algumas manias. Em determinados locais, ele ia sempre com a mesma roupa e o mesmo sapato. Embora fosse cuidadoso com sua aparência, não hesitava em repetir propositalmente algumas combinações de roupa, e isso fazia com que uma imagem dele se fixasse em nossa mente naqueles locais específicos.

Essas foram as piores peças de me desfazer! E não eram poucas!

Ao longo dos anos em coma, entreguei no altar, como oferta, algumas peças que ele tinha me dado de presente – como oferta especial, pois eram muito, muito valiosas; afinal, tinham um significado emocional que dinheiro nenhum poderia comprar.

Durante o coma do Tid, nos desfizemos de alguns ternos, casacos, a fim de ajudar pessoas queridas de nosso convívio, inclusive presenteando-as com itens de tamanho valor emocional para nós.

As roupas e os acessórios que mantive representavam o próprio Tid, e por isso eu os guardava e zelava por eles para que estivessem sempre em ordem.

Depois de ele ter sido recolhido, essas peças, no entanto, se tornaram um peso. Eu não conseguia mais acessar aquele armário, mas também não permitia que ninguém mexesse nele.

Abrir aquele armário depois da sua partida era reviver situações e lugares que deixaram de ser lembranças alegres para serem motivo de sofrimento e dor indescritível.

Manter tudo aquilo intacto era como cuidar para que o Tid estivesse sempre entre nós, ou para o que hoje acho que é descrição mais adequada: insistir no sofrimento por não poder mais viver e nem estar mais com ele naqueles lugares onde ele costumava usar aquelas roupas, acessórios e sapatos.

Por incrível que pareça, prepare-se também para ser atacado por sentimentos masoquistas, que trazem "prazer letal" em reviver e chorar desesperança. Misericórdia!

Tome cuidado porque esses sentimentos vêm como uma onda infernal para nos manter prisioneiros de um passado que não existe mais, e que vem para matar o presente, o hoje, e abortar o futuro.

Quanto antes você doar tudo, melhor!

Em um belo dia, meu marido e minha filha, vendo que aquilo só me fazia mal, resolveram, juntos, abordar o assunto comigo.

Ai, ai, ai... Dolorido demais!

Logo de cara fechei a questão e avisei que não estava aberta a me desfazer de nada!

Eles, porém, com muito amor, insistiram e continuaram argumentando comigo.

Preciso ressaltar que não foi da primeira vez que consegui doar tudo o que havia sobrado, porque agora realmente era bem menos do que antes. O problema é que eram peças de roupas e sapatos que, para mim, nas ocasiões em que foram usadas, representavam o próprio Tid; então abrir mão era como perder o Tidão de uma vez por todas, como se não tivesse mais como abraçá-lo! Difícil! Essa história de "nunca mais" é muito complicada quando deixa de ser uma simples expressão para se tornar uma realidade que você não tem mais ideia de quantos anos serão!

Desfazer-me das coisas que restavam era o mesmo que dizer: "Agora você tem que assumir de vez este novo ciclo de vida e, desta vez, sem o Tidão!". Significava dizer que eu deveria me deparar com um presente e um futuro que eu não queria para mim. No fundo, eu não queria abandonar o meu passado, encarar a nova realidade e continuar sem o Tidão!

Tive crises de choro, tentei fugir daquele assunto de todas as maneiras possíveis, era muito dolorido! Porque queriam tirar o Tid de mim? E ao mesmo tempo para que continuar com tudo aquilo naquele armário, que também eu já não abria, e servia só como um tipo de assombração?

Tratar essa mistura de sentimentos é realmente o grande desafio!

Me deparei com um quadro muito louco: havia uma parte de meus sentimentos que gostava de ser doente, infeliz, cheia de choros e autopiedades, que gostava de me ver destruída, chorando, desorganizada, improdutiva...

Epa! Peraí! Como líder e autoridade espiritual que sou, sei muito bem de onde vem ímpetos que nos roubam, destroem e vêm para matar o futuro, os sonhos... a calamidade de produzir avança...

Foi aí que caí em mim! Estava novamente dando território em minha vida para que demônios ocupassem! Porque a missão de matar, roubar e destruir é demoníaca!

Aí, não!

Preciso alertar a todos sobre isto: embora venha embalado em nome, cheiro e aparência de quem você ama e foi recolhido, não tem nada a ver com a pessoa amada! Tem a ver com o inferno e seus demônios que mais uma vez querem envolver você com laços de morte!

Veja como isso é denunciado na Palavra de Deus:

> "Eu te amo, ó Senhor, força minha. O Senhor é a minha rocha, a minha cidadela, o meu libertador; o meu Deus, o meu rochedo em que me refugio; o meu escudo, a força da minha salvação, o meu baluarte. Invoco o Senhor, digno de ser louvado, e serei salvo dos meus inimigos. Laços de morte me cercaram, torrentes de impiedade me impuseram terror. Cadeias infernais me cingiram, e tramas de morte me surpreenderam.
>
> Na minha angústia, invoquei o Senhor, gritei por socorro ao meu Deus. Ele do seu templo ouviu a minha voz, e o meu clamor lhe penetrou os ouvidos. Do alto me estendeu ele a mão e me tomou; tirou-me das muitas águas. Livrou-me de forte inimigo e dos que me aborreciam, pois eram mais poderosos do que eu. Assaltaram-me no dia da minha calamidade, mas o Senhor me serviu de amparo. Trouxe-me para um lugar espaçoso; livrou-me, porque ele se agradou de mim."
>
> **Salmo 18:1-6, 16-19 ARA**

Aqui o salmista Davi descreve-se envolto por laços de morte e cadeias infernais! Exatamente como me encontrava! E, o pior: de novo!

Não sei quanto a você, mas, para mim, me dava um cansaço na alma enxergar meus retrocessos!

Para essas situações, três suspiros (estou brincando quanto aos três suspiros). Respire fundo e vamos atrás do lucro, porque de prejuízo já basta!

Há muito que aprendi que o cansaço só aparece quando dá para descansar! Aprendi que cansaço fora de hora é um tremendo roubo!

Reúna suas forças e, como Davi, clame a Deus! Aqui você precisará de uma força divina!

CAPÍTULO 7: LIMPE OS ARMÁRIOS...

Em meio a angústias, o caminho é invocar a Deus para ser ouvido! Ou seja, invoque com toda a força e determinação, acreditando e esperando d'Ele a sua salvação! Se você fizer assim, Ele responderá! Livrará você das muitas águas desse choro e dor que vê pronto para o afogar! Colocará você em um patamar espiritual que subjugará todas essas emoções, lembranças, desesperos!

Ter Jesus como Senhor de sua vida é ter sempre Caminho! É também receber autoridade para viver a verdade, sem martírios do passado! É viver a Vida de forma abundante!

Foi isso que fiz! E, ajudada por meu marido e minha filha, comecei a retirar, com muita dor e choro, as primeiras peças do Tid e colocá-las em uma sacola para doar.

Como é importante, nesse processo, você ter ao seu lado pessoas que amem você, mas que também tenham fé inabalável em Deus!

Os dois também estavam sofrendo, eu não imaginava o que era para eles eu manter aquela parte do armário com aquilo tudo. Não imaginava como também os afetava!

Juntos, em concordância, nós conseguimos!

Depois de ter passado por essa experiência, eu consegui entender os acumuladores e seu sofrimento! Isso é uma prisão demoníaca!

Você tem as coisas ocupando espaço não só físico, mas também o afogando em um tempo que não volta. Essa atitude ainda o impede de assumir o novo ciclo de Deus para sua vida!

Você nem vive mais o passado – até porque isso é impossível –, é roubado de viver o presente, e ainda aborta qualquer possibilidade de futuro!

É como uma enfermidade!

Conscientizada desse roubo e dessa ação demoníaca que permitia operar em minha vida, usando o nome do amor, da saudade e do respeito ao Tidão para me enganar. Foi só junto a esses verdadeiros anjos de Deus, o Estevam e a Fernanda, que consegui esvaziar aquele armário todinho e me desfazer dos pertences do meu filho.

Para minha surpresa, o que parecia que se tornaria mais um motivo de choro, foi uma grande libertação!

O Tid agora estava no lugar onde Deus determinou, a última coisa que faltava, que eu o liberasse dentro de mim, tinha sido realizada!

E eu também estava livre para seguir carregando-o em meu coração como ele sempre foi: a minha festa!

É impressionante como é libertador se livrar de itens que nos prendem a um passado feliz, mas que não é possível mais alcançar.

Minhas grandes vitórias e libertações geralmente são usinas de louvores a Deus, e essa grande libertação também gerou um belo louvor:

> **"Espírito Santo"**[9]
>
> *Quantas vezes é tão difícil olhar pra frente,*
> *Prosseguir*
> *Lágrimas de um coração que insiste em*
> *olhar pra trás*
> *Vou acreditar que há futuro, que o melhor*
> *está por vir!*
> *Que o passado acabou, é tempo de voar!*
> *Vem, Senhor me ajudar,*
> *Vem transformar meu coração!*
> *Espírito Santo, vem me encher*
> *Tua liberdade me faz voar*
> *Sempre tem mais pra aquele que crê*
> *Vou olhar pra frente e me alegrar*
> *Espírito Santo, vem me encher*

9 ESPÍRITO Santo. Intérprete: Renascer Praise. In: RENASCER Praise – Novo dia, novo tempo. Rio de Janeiro: Sony BMG Music Entertainment, 2012. Faixa 2.

Tua liberdade me faz voar
Sempre tem mais pra aquele que crê
Vou olhar pra frente e me alegrar!
Espírito Santo, vem me encher! (2x)
Unção
Unção...

Esse louvor também surgiu da Palavra de Deus que está em 2 Coríntios 3:17, que invoquei e busquei a Deus, pedindo para vivê-La. Tomei posse dela como verdade para minha vida!

Se você ainda não se desfez de roupas e pertences da pessoa amada, faça-o! Esse movimento é necessário para encerrar um ciclo e também para que se possa estar integralmente nesse novo momento em que a pessoa se encontra.

> "Pois o Senhor é o Espírito, e onde está o Espírito do Senhor, ali há liberdade."
>
> **2Coríntios 3:17 NVT**

Em louvor e oração fui cheia do Espírito Santo que me libertou de mais esse laço de morte, usando meus queridos como instrumentos para me desamarrar e me liberar para caminhar, como aconteceu com Lázaro.

Lázaro, depois que Jesus o ressuscitou, tendo estado ele morto por quatro dias e em estado de putrefação, cheirando mal, ainda precisava ser liberto daquelas ataduras mortuárias, daqueles laços de morte. Jesus então deu ordem para os que o amavam e estavam ali que libertassem Lázaro para que ele pudesse viver o novo ciclo de vida!

> "Quando Jesus chegou a Betânia, disseram-lhe que Lázaro estava no túmulo havia quatro dias. 'Rolem a pedra para o lado', ordenou. 'Senhor, ele está morto há quatro dias', disse Marta, a irmã do falecido. 'O mau cheiro será terrível.' Jesus respondeu: 'Eu não lhe disse que, se você cresse, veria a glória de Deus?'. Então rolaram a pedra para o lado. Jesus olhou para o céu e disse: 'Pai, eu te agradeço porque me ouviste. Tu sempre me ouves, mas eu disse isso por causa de todas as pessoas que estão aqui, para que elas creiam que tu me enviaste'. Então Jesus gritou: 'Lázaro, venha para fora!'. E o morto saiu, com as mãos e os pés presos com faixas e o rosto envolto num pano. Jesus disse: 'Desamarrem as faixas e deixem-no ir!'."
>
> **João 11:17, 39-44 NVT**

Assim como Lázaro foi desamarrado e desatado pelos que o amavam, eu também fui com o apoio do meu marido amado e da minha filha tão querida!

Deus é maravilhoso!

Te encorajo também a viver essa grande libertação!

Por mais difícil que pareça, Deus tem mais para sua vida também!

Acredite: Ele ainda não terminou de escrever Sua história de milagres em sua vida!

CAPÍTULO 7: LIMPE OS ARMÁRIOS...

SÉTIMA CHAVE:
LIBERTE-SE DO QUE O AMARRA AO PASSADO

Há dois tempos em nossa vida que não conseguimos viver: o passado e o futuro! O passado porque já passou e não volta, e o futuro porque ainda não chegou! Mas há um tempo que sempre podemos vivê-lo: o presente!

Se estivermos amarrados ao passado, não conseguiremos viver o presente e abortaremos o futuro que Deus tem para nossa vida.

Não hesite em buscar ajuda com quem tem autoridade espiritual para ajudar, porque pode libertar você do que o amarra ao passado, algo que pode também envolver um trabalho espiritual.

Nas Igrejas Renascer temos um grupo de terapia espiritual específico para essas situações, faz parte de um dos ministérios da Renascer e você pode ter acesso gratuito ao grupo, inclusive on-line. Deus te abençoe!

Capítulo 8

VENCER AS VÁRIAS FACETAS DO SOFRIMENTO

Apesar de não termos mais a pessoa amada, ainda há outros sentimentos e pensamentos que vêm nos assolar:

ACUSAÇÃO E CULPA

O que eu fiz para acontecer isso comigo?

Não é possível, devo estar debaixo de alguma maldição, punição? Por que Deus não nos poupou?

Por que tanto sofrimento?

Além de ter a mente assolada por esses questionamentos, pode ser que ainda surjam pessoas cruéis, perversas mesmo, que se aproveitem do seu momento de dor para acusar você, e se sentirão alegres por ver você assim!

Impressionante como o ser humano movido por inveja cruel se torna um verdadeiro demônio!

Aqui quero repartir com você o que me libertou dessa culpa, dessas acusações. Vamos usar mais uma vez a arma espiritual que é a Palavra de Deus. Ela é a verdade!

Certa vez, os discípulos de Jesus trouxeram até Ele um cego de nascença justamente com essas dúvidas, questionamentos. Chegaram até Jesus e perguntaram: "Mestre, este homem é cego de nascença, quem pecou para que ele nascesse assim? Seus pais, ele, quem?". (João 9:2)

A indagação deles tem tudo a ver com as que vêm nos assolar, mas baseava-se na suposição errada: acharam que a cegueira seria uma punição de pecados cometidos.

De repente, assim como nós, pode ser que tenham ouvido que perdas, morte, enfermidades e guerras são fruto de pecado, e quando se trata de enfermidade e morte, principalmente, são muito associadas a castigo divino.

Para os discípulos estava claro que aquilo só aconteceria com alguém se fosse punição por um pecado! Eles só não sabiam de quem era o pecado.

A partir dessa perspectiva limitada, os discípulos estavam buscando a resposta que muitas vezes, em meio à tanta dor, também aparece para nós.

PERGUNTAS QUE COMEÇAM COM "POR QUÊ?"

Por que meu filho morreu e não foi curado?

Por que teve esta enfermidade, ou, no meu caso, por que este erro médico, que mais parecia um plano para tirar a vida do meu filho? Por que isso acabou matando-o?

As perguntas não têm fim e cada um de nós tem sua própria lista...

São tantas as emoções envolvidas, inclusive a frustração, que também muitos de nós, por temer as consequências, queremos abafar os questionamentos, temendo que também nossa fé na bondade e no amor de Deus seja abalada.

Como os discípulos, nossa tendência em meio à dor é ver as adversidades de maneira limitada, em geral como uma punição divina.

Voltamos para nós mesmos examinando nosso passado, presente, buscando uma explicação que não vem. O propósito desse exame é claro: descobrir o porquê desse sofrimento, o que nessa busca pode até surgir o sentimento de estarmos sendo injustiçados, pois interpretamos o ocorrido como a maneira que Deus está nos retribuindo.

CAPÍTULO 8: VENCER AS VÁRIAS FACETAS DO SOFRIMENTO

Precisamos tomar cuidado com nossa visão limitada e imediatista das situações, que pode nos levar a deduções que enganam o coração e que nos levam a cárceres de alma.

Quando você tem uma caminhada com Deus, esses truques acabam não tendo efeito, pois conhecemos por experiência a bondade e fidelidade do Senhor, nos impedindo de ser manipulados por aparências e até mesmo pela autopiedade que está nesse coração enganoso, agora tão machucado.

Quando estamos feridos, precisamos nos precaver para não sermos dirigidos pela dor. Precisamos ter atitudes que neutralizem a dor, já que o que a provocou não pode ser apagado.

Se você não tem a espiritualidade desenvolvida, uma história de vida com Deus, terá que optar em acreditar na fidelidade e no amor d'Ele, acreditar que há um propósito maior, ou cair no abismo da amargura e se revoltar contra Ele.

Se sua opção for revoltar-se contra Deus, com quem contará para sair dessa teia de sentimentos e questionamentos destruidores? Você concorda que está precisando de Luz? De caminho? De saída dessa dor consumidora?

Revoltar-se contra Deus significa andar nas trevas da amargura e da falta de esperança. Tem certeza de que é isso mesmo que você quer trazer para sua vida, além da perda e ausência que está enfrentando?

Escolha acreditar em Deus!
Escolha acreditar em seu amor e fidelidade!

Quando Jesus respondeu à pergunta dos discípulos, Ele desmontou a crueldade do tipo de religiosidade que atribui as perdas, as mortes e as enfermidades somente ao pecado. Ele tirou esse peso de culpa e punição e trouxe luz. Jesus deu uma nova perspectiva ao sofrimento, uma visão muito mais ampla!

A resposta de Jesus trouxe esperança não só aos que o ouviram ali como também para nós, seus seguidores!

Esta resposta é esperança para você também que até agora tem sido assolado por esses questionamentos, veja:

> "Jesus respondeu:
> — Ele é cego, sim, mas não por causa dos pecados dele nem por causa dos pecados dos pais dele. É cego para que o poder de Deus se mostre nele."
>
> **João 9:3 NTLH**

O que Jesus estava falando e hoje continua nos dizendo é: sua maneira de enxergar essa situação é muito limitada, você precisa de novos parâmetros no que diz respeito ao sofrimento.

Quando se tem uma visão limitada nesse assunto, você está se expondo a sofrimentos desnecessários, assim como no caso dos discípulos de Jesus, que estavam enxergando aquela situação a partir de uma perspectiva distorcida.

Jesus responde com um "para quê" em vez de um por quê. Quando abandonamos os porquês e os trocamos por "para quê", tudo muda de figura!

Saímos debaixo das acusações e entramos no plano maior de Deus, que nos dá futuro! Começamos a buscar o propósito, começamos a nos empenhar para que esse sofrimento cumpra um propósito!

Aí o sofrimento que consiste em uma dor que não nos leva a nenhum lugar e ainda atrasa nossa vida é transformado em sacrifício, ou seja, dizemos: "Entrego este sofrimento nas Tuas mãos, Senhor, para que Tu o transforme em louvor ao Teu nome!".

Lembre-se de que o sofrimento sem propósito não levará você a lugar nenhum! É uma dor inútil e destruidora!

O sacrifício é a dor que nos traz recompensa.

Sofrimento com propósito se transforma em sacrifício, e este nos traz crescimento, recompensa e consolo.

"Mostra-me, Senhor, o propósito dessa perda!" Foi assim que clamei! Experimente, dá muito certo!

Faça com que ele coopere para o seu bem, ainda que nesse momento não veja como! Foi dessa maneira que orei, me humilhando diante de Deus e colocando um voto diante do Senhor, para que fosse testemunho no mundo espiritual de minha fé no amor e na fidelidade que tenho por Ele, que tem caminhos mais altos do que os meus! Ele tem soluções que extrapolam muito minha compreensão e meu entendimento.

MAS O QUE ESTÁ POR TRÁS DO SOFRIMENTO?

Há várias situações: desde um desequilíbrio mental e espiritual até um pecado cometido, até nisso há um propósito de Deus. Mas em certo sentido, Satanás e seus demônios estão por trás de todos os sofrimentos. Ele foi o responsável direto pelo fato de Adão e Eva terem sido desencaminhados e, por isso mesmo, é culpado da calamidade que se seguiu. O animal que o representou fisicamente (a serpente) foi punido com maldição de Deus por isso.

Portanto, o envolvimento de Satanás e seus demônios no sofrimento humano é real e ativo.

O relato bíblico que mais demonstra isso é a história de Jó.

Se você tem se acumulado de maior sofrimento ainda por estar acrescentando à sua dor a acusação de que essa morte se deve a um pecado, ou que aconteceu porque você não teve fé suficiente para fazer com que o milagre da cura divina operasse na pessoa amada que faz tanta falta, este capítulo é para você!

Jó, só para relembrar, era um homem próspero, sábio, com uma família linda, íntegro e santo a ponto de Deus elogiá-lo no mundo espiritual. Isso, por sua vez, provocou uma reação de Satanás, que questionou a integridade e santidade dele e disse que, se fossem tiradas de Jó todas as coisas muito boas que ele tinha, com certeza não se manteria fiel e íntegro diante de Deus. O fruto desse diálogo foi a permissão para que Satanás o colocasse à prova.

Muitos não aceitam que os sofrimentos de Jó foram exclusivamente gerados por um levante do inferno, buscam atribuir a alguma forma de pecado ou ao orgulho, seu e dos seus filhos.

O que Jó passou foi muito mais do que se pode imaginar no pior dos pesadelos... Foram-lhe tirados todos os rebanhos, suas casas e propriedades, sua honra, e, como se não bastasse, ceifou também cada um de seus sete filhos em curto espaço de tempo. Seguido a essas perdas, tumores estouraram no corpo dele. Como se não bastasse, sua mulher "espanou na sua fé", e seus amigos, os poucos que o rodeavam, se tornaram acusadores.

Isso tudo estava dentro de um propósito maior de Deus, que inclusive abrange a mim e a você! Era necessário que alguém enfrentasse tamanhas calamidades causadas por um levante no mundo espiritual e mesmo assim guardasse fé, fidelidade, amor e integridade de sentimentos a Deus para servir de testemunho e caminho para pessoas como eu e você, por exemplo.

Lembre-se de que o sofrimento sem propósito não levará você a lugar nenhum! É UMA DOR INÚTIL E DESTRUIDORA!

MAS COMO SAIR DESTE CICLO DE DOR?

Estabeleça marcos.

Estabeleça limites e fronteiras.

Cabe a você estabelecer quanto território a morte ocupará e caracterizará sua vida.

Em meio a essa grande tragédia, Jó estabeleceu um limite que o fortalecia em meio ao vale da sombra da morte e lhe imunizava contra as dores e acusações constantes, afora o grande sofrimento emocional pelas perdas que lhe tinham acometido.

> "Por que, que prazer teria na sua casa, depois de morto, cortando-se-lhe o número dos seus meses? Porventura a Deus se ensinaria ciência, a ele que julga os excelsos? Um morre na força da sua plenitude, estando inteiramente sossegado e tranquilo. Com seus baldes cheios de leite, e a medula dos seus ossos umedecida. E outro, ao contrário, morre na amargura do seu coração, não havendo provado do bem. Juntamente jazem no pó, e os vermes os cobrem. Eis que conheço bem os vossos pensamentos; e os maus intentos com que injustamente me fazeis violência. Porque direis: Onde está a casa do príncipe, e onde a tenda em que moravam os ímpios? Porventura não perguntastes aos que passam pelo caminho, e não conheceis os seus sinais."
>
> **Jó 21:21-29 ARA**

Jó, aqui nesse texto, se levanta usando a arma espiritual do escudo da fé com o que inocula todos os ataques malignos.

Dirigida pelo Espírito Santo, coloquei-me em oração e fiz uma promessa ao meu filho. Sim, ao Tidão. Fiz essa promessa selada com votos no altar, para que fosse efetiva no mundo espiritual também! Usei o escudo da fé, sempre agindo de acordo com o que creio.

Prometi ao Tidão que ele sempre seria a minha Festa. Que, no que dependesse de mim, iria lutar para que se lembrassem dele em toda sua inteligência e virtude! Que não faria dele nunca o motivo ou a explicação de minha doença, ou de minha depressão, ou de qualquer coisa assim. Que me esforçaria para que ele não fosse lembrado em frases como "depois que o Tid se foi, a mãe dele nunca mais teve vida, ou foi alegre, ou teve boa saúde", e por aí vai...

Esse é um grande segredo!

Faça isso também!

No segundo ano sem ele, como estava perto do Natal e eu tinha muita vontade de dar um presente a ele, resolvi fazer também dessa forma, e assim estaria dando um presente a ele, presente esse que me custava muito, não só naquele Natal, mas em todos os dias da minha vida, dali para a frente!

> **Preserve a memória da pessoa amada como ela era, não permita que ela seja associada à sua enfermidade, falência, angústia. Não permita que tudo que a pessoa amada foi e continua sendo para você seja esquecido em razão de seu sofrimento e consequências incorporadas.**

Isso ajudará a cuidar de sua saúde, de seu físico, a procurar manter-se saudável; o propósito agora extrapola o que é possível ser visto pela aparência.

"Nasci para vencer"[10]

Esquecendo-me o que passou
O Teu chamado vou viver
Tempo de deserto acabou
Em Teu nome vou conquistar
Os Teus dias serão os meus dias
Meu futuro de vitórias
Por mais impossível que seja
Bem maior é o que habita em mim
Nasci pra vencer, conquistar
Esse é o meu destino, meu lugar
Vencer, triunfar
Esse é meu chamado, meu lugar
Vencer, conquistar
Sou a terra que a Tua palavra faz prosperar
Nasci pra vencer
Em Jesus

---

10 NASCI para vencer. Intérprete: Renascer Praise. In: RENASCER Praise – Apostólico. Rio de Janeiro: Gospel Record, 2005. Faixa 2.

CAPÍTULO 8: VENCER AS VÁRIAS FACETAS DO SOFRIMENTO

OITAVA CHAVE:
VENÇA AS FACETAS DO SOFRIMENTO

Lembre-se: sofrimento é dor sem propósito, sacrifício é dor que vale a pena.
Para fazer com que cada sofrimento seja transformado em um sacrifício que faça valer a pena a dor, só há um caminho: entregá-lo nas mãos de Deus!

Capítulo 9

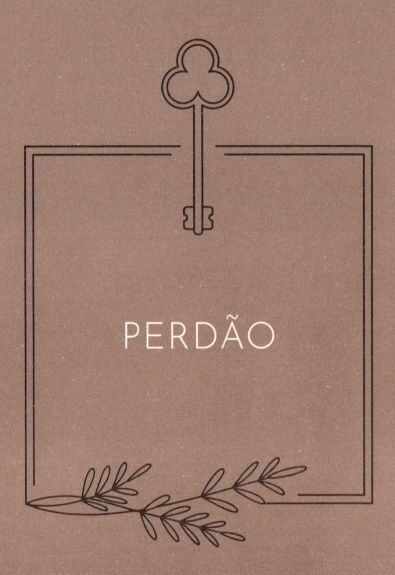

PERDÃO

Sem ser piegas, perdão é algo divino, não é?

Prepare-se para um mergulho profundo que o levará a águas limpas e tranquilas, e o afastará de um atoleiro horrível e atormentador.

Devido à missão de vida que tenho, perdoar é uma prática constante em minha rotina. E essa atitude começa pelo autoperdão, sendo mais bondosa e paciente comigo mesma. Chega até o ponto de "perdoar a Deus", ou melhor, abrir-me para entender Sua vontade e aceitá-La em espírito e verdade, crendo sempre em Seu amor e fidelidade, que sempre trabalharão em meu favor, mesmo quando eu não compreender.

> "Porque eu sei os planos que tenho para vocês", diz o Senhor. "São planos de bem, e não de mal, para lhes dar o futuro pelo qual anseiam. Naqueles dias, quando vocês clamarem por mim em oração, eu os ouvirei. Se me buscarem de todo o coração, me encontrarão."
>
> **Jeremias 29:11-13 NVT**

Como Ministra do Evangelho que sou, para subir no altar e ser realmente um canal de bênção de Deus, preciso estar com meu coração limpo, sem mágoas! Isso nem sempre é simples assim. Por isso, eu perdoo invocando o nome de Jesus, e pronto!

Perdoar não é esquecer. Perdoar é ficar mais alimentando mágoa, ódio, vingança e todos os sentimentos que só nos destroem, porque, na realidade, não mudam nada a outra pessoa, nos afeta e até nos enferma!

Tenho tanto para dividir com você sobre perdão que precisaria escrever um livro só sobre isso!

No entanto, há alguns aspectos muito fundamentais que quero compartilhar aqui com você.

Conseguir me desfazer da mágoa, e até do desejo de vingança do médico do Tidão — sabe aquela vontade de espalhar aos quatro cantos da terra o nome desse médico e o que fez? Pois é, ela me atacou também! —, mas Deus me deu vitória nesse caso e consegui entregar em Suas mãos, pois a justiça pertence ao Senhor.

Meu filho não deveria, em hipótese alguma, ter sido operado! Ele tinha passado por dois transplantes renais, um AVC e inúmeras tromboses e flebites que resultaram na necessidade de aplicação de um filtro de veia cava, para impedir que os trombos subissem e lhe causassem uma embolia pulmonar ou coisa do tipo.

O que foi feito com meu filho — e não descreverei mais nada aqui, porque já coloquei nas mãos do Justo Juiz e porque me nego a me manter prisioneira dessa mágoa — mais parecia um plano arquitetado para matá-lo, com todos os requintes malignos. Extrapolou erro médico, antes houve uma intenção letal recheada de atitudes irresponsáveis.

Como lidar com isso?

Por que meu filho?

Perguntas como essas me assolaram durante meses!

Pedia a Deus que me livrasse daqueles sentimentos, mas ao ver meu filho em coma, naquela situação, tornou tudo extremamente difícil!

CAPÍTULO 9: PERDÃO

Os sentimentos que envolvem a dificuldade de perdoar voltam então com uma facilidade e uma autonomia que parecem ter vida própria e ser insuperáveis.

Graças a Deus eu tenho um altar! O amor a Deus e o chamado para ser Ministra do Evangelho sempre foram prioridade em minha vida, portanto eu precisava conseguir perdoar! Você também pode fazer isso. Faça da liberdade a prioridade de sua vida! Negue-se a ser escravo da mágoa e do ressentimento.

Sei que meu filho poderia ter terminado sua missão de outra maneira, sem passar por tudo aquilo e ter causado todo aquele sofrimento a todos nós. Mas também creio em um Deus que reverte maldição em bênção!

Determinada a perdoar, busquei Deus e pedi para que me fortalecesse a cada dia em que subia ao altar para ministrar. Afinal, toda aquela mágoa e todo aquele rancor não trariam meu filho de volta!

Como conseguir?

Sabe, paz é uma graça de Deus! Vale a pena nos desfazermos de tudo para obtê-la!

Em meio à mágoa, sentimento de vingança, tristeza e dor, priorizei ser melhor do que antes, ou seja, dar o próximo passo, não ficar parada naquilo que poderia piorar ainda mais toda a situação. Tenho até um louvor em que sou coautora, cuja frase que contribuí é: "Minha vingança é ficar bem, de pé, feliz e muito melhor!".

Tirei meus olhos do homem e encarei a situação espiritualmente!

Nossa luta não é contra homens, mas sim contra espíritos, contra principado, potestades, dominadores e outros que se nomeiam nesse século e nos vindouros.

Portanto usei a primeira lei de guerra que aprendi: quem não sabe contra quem, ou o que está lutando, atira para tudo quanto é lado e acaba não conseguindo nada! Você precisa saber contra quem e o que está lutando! Esta, para mim, é a lei de guerra espiritual número 1.

> "Para terminar: tornem-se cada vez mais fortes, vivendo unidos com o Senhor e recebendo a força do seu grande poder. Vistam-se com toda a armadura que Deus dá a vocês, para ficarem firmes contra as armadilhas do Diabo. Pois nós não estamos lutando contra seres humanos, mas contra as forças espirituais do mal que vivem nas alturas, isto é, os governos, as autoridades e os poderes que dominam completamente este mundo de escuridão."
>
> **Efésios 6:10-12 NTLH**

Ter a Palavra de Deus como luz para nossos caminhos e lâmpada para nossos pés (Salmos 119:105) nos impede de enveredar por caminhos errados, assumindo comportamentos e atitudes que só irão nos prejudicar mais!

Procuro com todas as minhas forças meditar e praticar a Palavra de Deus! Faça isso! A Palavra de Deus é a verdade, tudo que difere dela é mentira!

No meu caso, eu lutava contra forças malignas que pretendiam parar meu ministério, roubar minha capacidade de me conectar com Deus, com o povo e com a Igreja que amo com o coração limpo, roubar meu foco de vida, fazendo-me ficar escrava da mágoa e da angústia.

Encarando sob esse aspecto, a dor que estava sentindo era suficiente. Precisava, diariamente, de mais forças para poder levantar da cama e lutar! Por isso, decidi não trazer mais escuridão, peso, angústia a essa situação, ser agente ativo de demônios que têm a simples função de matar, roubar e destruir; contra mim mesma, e, por consequência, também aos meus amados que junto comigo estavam sofrendo toda aquela situação. NÃO, definitivamente NÃO!

CAPÍTULO 9: PERDÃO

Buscando Deus em jejuns, orações e votos no altar, clamei para que me fortalecesse e me libertasse daqueles sentimentos; reiterava profetizando, com clamores e orações, que aquela mágoa não ia dirigir minha vida, meus pensamentos, sentimentos e atitudes, e reforçava que o único Senhor da minha vida sempre foi, era naquele momento e sempre será, Jesus!

Quando você se deixa controlar e se guiar pela mágoa e dor, na realidade você está elegendo um "deus" para sua vida e o nome dele é "morte". Onde a morte reina e governa não há espaço para a vida!

Invoquei com todas as minhas forças o Nome de Jesus e todo o poder libertador que há em Seu nome e no Sangue de Jesus, que nos livra de todo o pecado e purifica de toda a injustiça!

Aqui faço um parêntese para esclarecer que pecado é tudo que estraga e descaracteriza sua vida. Pecado não muda Deus, muda para pior quem peca e ainda o afasta d'Ele.

Não foram poucas as vezes que pratiquei Filipenses 4:6-9:

> "Venham a mim todos vocês que estão cansados de carregar as suas pesadas cargas, e eu lhes darei descanso. Sejam meus seguidores e aprendam comigo porque sou bondoso e tenho um coração humilde; e vocês encontrarão descanso. Os deveres que eu exijo de vocês são fáceis, e a carga que eu ponho sobre vocês é leve."
>
> **Mateus 11.28-30 NVI**

Cada vez que me via acometida e cativa da falta de perdão, dobrava meus joelhos e confessava meus sentimentos e pensamentos diante de Deus, até sentir que tudo aquilo não me dominava mais.

Encontrei na Presença de Deus o meu lugar!

Só saía do tempo de oração quando a paz de Deus me invadia, organizando meus sentimentos e pensamentos para que estivessem alinhados com os planos do céu!

Graças a Deus, mais uma vez, venci!

Meu Deus! E que grande, enorme vitória é essa! Glória a Deus! Glória a Deus! Glória a Deus!

Sei que a justiça de Deus se fará do jeito d'Ele e na hora d'Ele. Agora posso dizer que isso deixou de ser o centro de minhas atenções e, graças a Deus, esses sentimentos não comandam mais minha vida! Não são o foco de minha vida!

Para quem dormia e acordava com a imagem do algoz do filho na mente, ladeado de todas as pessoas que cooperaram para essa grande tragédia, foi uma mudança e tanto desde o dia em que alcancei a graça de perdoar, entregar nas mãos de Deus e continuar, só me lembro deles quando o assunto vem à tona, mas falo sem peso ou ódio.

Quando Deus fala para você que alguma coisa é com Ele, como Ele fala sobre a vingança, tenha certeza de que se você insistir em resolver com suas próprias mãos só se prejudicará. Isso é pesado demais, somente Deus pode realizar e recompensar você de modo que você fique acima de todo e qualquer dano!

Insista em perdoar, não porque o outro merece, mas sim porque você não merece sofrer o dano e ainda ficar pensando, remoendo e enxergando alguém que já trouxe e causou tanto dano! Você merece ser livre!

Não abra mão de ter sua paz e equilíbrio de volta! Não desista de buscar e se esforçar em se encher da Presença de Deus! Abra espaço para que Deus o restitua! Torne-se mais forte e coroe-se de tanta honra que você olhará para todo o dano sofrido e sentirá tudo aquilo como algo que está debaixo de seus pés!

Busque perdoar para ser livre, para receber paz e direção de Deus, para ser restituído, consolado, honrado e reintegrado por Deus!

CAPÍTULO 9: PERDÃO

O perdão abre caminho para dias de riso, honra, justificação, alegria, realizações e conquistas! Deseje isso!

A prática do perdão nos mantém saudáveis de corpo, alma e espírito!

Perdoar tira um peso esmagador de nossas costas e nos permite voar nas asas do Espírito! Nos alivia! Nos cura! Nos faz superiores e admiráveis também!

Perdoar só nos acrescenta!

É assim que me sinto!

Não desejo nem por um segundo estar debaixo das sentenças e do juízo de Deus dos que causaram mal para minha vida, principalmente os que retribuíram o bem com o mal.

Graças a Deus que não sou nenhum deles!

Tudo graças a este Maravilhoso e Bendito Deus que tem me conduzido em triunfo e que me tem feito exalar por onde vou o bom cheiro de Cristo!

Graças a Deus pela liberdade e autoridade de perdoar, por poder seguir em frente sem traumas, mas invadida por esta Gloriosa Presença do Espírito Santo de Deus. Estar assim nessa dimensão espiritual é inigualável, o resto, que fique sendo resto mesmo, em Nome de Jesus.

> "Graças, porém, a Deus, que, em Cristo, sempre nos conduz em triunfo e, por meio de nós, manifesta em todo lugar a fragrância do seu conhecimento."
>
> **2Coríntios 2:14 ARA**

Uma das últimas palavras que Jesus pronunciou na cruz foi: "Pai, perdoa porque não sabem o que fazem!".

Em sua grandeza e poder, mesmo passando por grande sofrimento, dor, vergonha, injustiça, abandono e escárnio, mesmo estando prestes a entregar seu espírito a Deus, Jesus teve autoridade sobre todas essas coisas e morreu em soberania e liberdade! Liberdade de entregar sua vida por amor a todos nós!

A hora em que Ele perdoou, Ele saiu da mão e do domínio dos que o crucificavam e tomou a direção de seu destino! Não eram eles que O estavam crucificando, mas sim Jesus que estava entregando Sua vida por amor a mim e a você!

Essa conquista é maravilhosa! E Jesus deixou para mim e para você! Saia da Cruz e entre no processo de ressurreição para uma nova vida, como aconteceu com Ele!

> "— O Pai me ama porque eu dou a minha vida para recebê-la outra vez. Ninguém tira a minha vida de mim, mas eu a dou por minha própria vontade. Tenho o direito de dá-la e de tornar a recebê-la, pois foi isso o que o meu Pai me mandou fazer."
>
> **João 10:17-18 NTLH**

No meu caso, perdoei e entreguei o Tid como oferta a Deus para que, por meio da morte do meu filho, o Nome de Jesus fosse honrado!

Hoje posso dizer que isso tem acontecido! A partida do Tid tem servido de consolo, cura, ressureição e vida para milhares de outras pessoas!

Sem exagero nenhum, veja que gerou também este livro.

Minha oração é para que você deseje e busque perdoar, para que possa também viver essa grande restituição e reintegração de si mesmo, em honra de Deus!

A prática
do perdão
nos mantém
saudáveis de
CORPO,
ALMA E
ESPÍRITO!

NONA CHAVE:
INSISTA EM PERDOAR! VOCÊ MERECE!

Insista em ser livre, insista em não ficar gravitando ao redor de uma mágoa!

Insista em perdoar, porque não há quem não cometa erros e que nunca tenha precisado de perdão!

Insista em perdoar porque a medida que usamos com as outras pessoas será a mesma com a que seremos medidos!

Insista em perdoar para viver a restituição que os que fizeram o dano não podem fazer, mas Deus tem tudo preparado para quem perdoa!

Perdoar não quer dizer que a pessoa ficará livre de suas responsabilidades, mas isso não é com você, é com Deus. O que acontecerá com a pessoa que causou danos a você não muda a intensidade do que você sofreu, por isso não se deixe dominar por situações que não resolvem em nada sua vida. Busque soluções, relacionar-se com o bem e não trazer mais problemas para si mesmo.

Perdoar é ser livre, e abrir-se para ser restituído por Deus é deixar de ser escravo da situação para ter soberania em Deus. Perdoar é sair da zona de tormento e entrar em um novo ciclo onde a misericórdia de Deus o assistirá!

Receba poder de Deus para perdoar e ser livre!

CAPÍTULO 9: PERDÃO

> "Plano melhor"[11]
>
> É só esperar acontecer,
> é só continuar e não deixar que as lágrimas embacem o olhar,
> e não deixar que a tristeza tire a força do caminhar,
> continuar olhando nos Teus olhos e enxergando a verdade,
> que nada e ninguém pode impedir,
> Jesus, plano melhor, nunca chega atrasado,
> Sua hora é perfeita, Sua maneira a mais linda,
> seja feita a Tua vontade, eu só quero a Tua vontade,
> assim na terra como no céu.
>
>

---

11 PLANO melhor. Intérprete: Renascer Praise. In: RENASCER Praise V - Tributo ao Deus de amor. Rio de Janeiro: Gospel Records Digital, 1998. Faixa 9.

Capítulo 10

A VIRADA

Para mim, este e o próximo capítulo contêm os principais conteúdos deste livro!

Aqui está o que chamamos de "inédito de Deus" para que o luto não mate você em vida!

Vou descrever o processo em detalhes para que você também aplique e usufrua dessa nova dimensão de vida.

Tudo começou em um culto em que eu estava no altar de nossa Igreja Sede acompanhando meu marido que pregava um encerramento de jejum, o Jejum da Restituição.

Imbuído de um grande Poder de Deus, meu marido, Apóstolo Estevam, ministrava, e profetizou que haveria uma grande restituição em nossa vida nos próximos dias!

A Palavra Profética vinda do altar, por meio da vida dele, sempre foi a verdade que dirigiu a minha vida, e, dessa vez, não foi diferente: quando a ouvi, tive uma crise de choro, ali mesmo no altar, e simplesmente não conseguia parar!

Em espírito falava com Deus: *Senhor, Tu sabes que esta Palavra profética que teu servo tem colocado sobre mim e a Igreja são Tua verdade sobre minha vida, e eu creio que é verdadeira, mas como vou viver restituição completa de tudo que perdi se agora não há mais materialidade? Se agora meu filho se foi? Meu Deus, tem misericórdia de mim!*

Em meio a um choro compulsivo, eu falava e repetia essas frases, até que de repente ouvi em claro, perfeito e audível som: "Nunca duvide do Meu poder de restituição!".

Eu conhecia aquela voz!

Como que em um passe de mágica, parei de chorar, o que havia tentado e não tinha conseguido havia muito tempo. Até ficava constrangida por estar presa naquele choro incontrolável.

Ao som daquela voz, minhas lágrimas cessaram e falei ao Senhor em oração: "Eu creio, Senhor! Eu vou esperar em Ti! Eu sei que tudo podes e nunca haverá impossíveis para Ti. Não tenho a mínima ideia de como o Senhor pode me restituir, mas escolho crer e esperar em Ti!".

Os meses foram passando, e, mesmo enfrentando altos e baixos, fui caminhando...

Tenho o costume de acordar e, antes mesmo de sair da cama, levantar um de meus braços e agradecer a Deus pela noite dormida, pela graça de ter uma casa e dormir em uma boa cama, pela saúde, por amanhecer sem dores, por ter dormido com meu marido que amo, pela família, pela Igreja, pelos ministérios que de Deus me deu, seja o rádio, a TV, louvor, mulheres... enfim começo sempre o dia agradecendo a dádiva preciosa de ter mais um dia de vida.

Mas, para conseguir que minhas noites fossem melhores, o Espírito Santo me levou também a terminar meus dias com gratidão, e deu certo de tal maneira que, atualmente, a última coisa que faço no dia é pegar meu "caderno de guerra" (onde anoto meus pedidos de oração e gratidão) e anotar pelo menos três coisas pelas quais sou grata por ter vivido durante o dia.

Percebi que dessa forma minha mente se organiza para ver e concentrar-se no que Deus diariamente me abençoa, e isso me coloca em um ambiente de louvor onde a Presença de Deus se manifesta!

Isso não quer dizer que não tenha em minhas orações um tempo de clamar por misericórdia, intervenção de Deus e milagres para os diversos desafios que tenho a cada dia, mas quer dizer que começo e encerro o dia com gratidão.

Essa prática trouxe a mim mais paz, tranquilidade e soberania sobre as situações!

O reconhecimento do quanto somos abençoados, sustentados, poupados, iluminados e guiados por Deus a cada dia faz com que acreditemos que haverá bom futuro de maneira mais fácil!

Alimento a prática firmando-a nas promessas de Deus, as quais procuro ter sempre frescas em minha mente, meditando na Palavra diariamente, assim como apoiada por votos e jejuns. Também prático, a cada dia, o poder da palavra declarada em fé, ato que chamamos de profetizar.

Ou seja, diariamente levanto minhas mãos e profetizo a bênção de Deus sobre cada área da minha vida, invocando e declarando a Palavra d'Ele.

Vou dar um exemplo: levanto minhas mãos e declaro que o Salmo 23:1, "O Senhor é meu pastor e nada me faltará", é a verdade do meu dia, e por isso não me faltará forças, sabedoria, saúde, graça, unção, poder de realização e de conquista, paz, inteligência, bom senso, domínio próprio e discernimento para cada decisão que tiver que tomar. A cada desafio que tenho de enfrentar; ou mesmo, em cada situação que estiver me relacionando, interagindo com alguém, declaro os sonhos que vou viver, profetizando sobre eles a bênção de Deus.

Este é outro segredo espiritual que dará foco, futuro, razão para viver: quem não sabe para onde vai, tenha certeza, não chegará a lugar nenhum!

Profetize!

Deseje e declare sua fé em dias melhores!

Force-se a isso mesmo que seu coração machucado e enlutado não queira mais continuar, não queira mais viver e muito menos ser feliz.

Lembre-se de que não se trata de vontade espontânea, trata-se de estar consciente da situação e tomar posição de achar propósito para ela!

Mesmo que pareça que foi um "ponto-final", lembre-se de que você está vivo, então é uma vírgula de Deus que completará o plano de sua vida, dando propósito a todas as coisas, inclusive a esta tão terrível dor.

Lembre-se:

- Ser grato;
- Profetizar;
- Focar nos sonhos;
- Declarar sua fé;
- Andar na direção dos sonhos;
- Fazer uso da aliança com Deus construída por meio de votos;
- Não "conversar" – ou seja, não alimentar – com problemas, acusações ou saudosismos, mas conversar e interagir com soluções e avanço;
- Organizar sua rotina de tal maneira que a cada dia você faça algo em direção aos seus sonhos, nem que seja um deslocamento de 1%.

Como conseguir? Eu priorizei os meus sonhos e encaixei no restante do tempo as obrigações do dia a dia.

Por experiência, se você fizer ao contrário, priorizando as tarefas de sua rotina, você verá o dia passar e não conseguirá avançar muito em direção aos seus sonhos; mas se priorizá-los, tudo o que você tem que fazer no dia a dia terá que se encaixar no novo tempo disponível.

COMO TER SONHOS NOVAMENTE?

Inicialmente, precisei me forçar a sonhar. Nesta altura da minha vida, posso dizer que já vivi muitas coisas boas, também muitas ruins, no entanto pensei: o que mais faria você feliz?

Ou o que daria um senso de progresso, realização?

O que traria um movimento novo para seu dia?

O que faria você ser admirável aos seus próprios olhos?

De repente não é propriamente um sonho o que você deseja, quem sabe é uma conquista, como aprender um novo idioma, escrever um livro, fazer exercícios, tornar-se um maratonista?

Desafios nos movem a ser melhores, e existe um lugar perigosíssimo que se chama zona de conforto, que é onde não há desafio, onde tudo já foi alcançado, é onde está o fim de tudo.

O que acontece na zona de conforto? Eu passo a não querer mais fazer as coisas certas e com tanto entusiasmo; passo a achar que está bom do jeito que está e não procuro melhorias.

Tome cuidado com aquilo que agrada, essas coisas e comportamentos são poderosos para enganá-lo. Tenha sempre em mente que tudo que nos deixa confortável também nos conduz à mediocridade.

Tudo o que não está expandindo, está encolhendo, inclusive a vida!

"Profetiza"[12]

Entre os louvores habita o rei que venceu
e sempre reinará
Em sua boca há fogo e poder, que faz
toda a morte cessar
Que abre as sepulturas, vale de morte,
sombra de dor
Traz o renovo e põe seu Espírito
Levanta um povo só seu
Quem poderá contra um ungido de Deus
Que avança em vitória subindo degraus
Traz em seu corpo as marcas
Daquele que o rei quer honrar
Profetiza, aos quatro cantos ressurreição
Profetiza, ao vale de ossos secos,
que a vida chegou   .
Profetiza, que as trevas se transformem
em luz
É tempo de honra
É festa do povo de Deus

---

12 PROFETIZA. Intérprete: Renascer Praise. In: RENASCER Praise XV - Reinando em vida. Rio de Janeiro: Gospel Records Digital, 2008. Faixa 1.

DÉCIMA CHAVE:
COMECE E TERMINE SEUS DIAS COM GRATIDÃO

Se você reparar bem, lá no Gênesis, Deus já nos ensina como terminar nossos dias: com gratidão!

Ele, ao terminar cada dia de Sua criação, o terminava com gratidão!

A ação de graças é literalmente uma força espiritual que carrega em si o poder de mudar atmosferas, ambientes e circunstâncias manifestando o sobrenatural de Deus.

1) A Bíblia nos instrui a sermos gratos em tudo.

ITessalonicenses 5:18
"Em tudo, dai graças, porque esta é a vontade de Deus em Cristo Jesus para convosco."

Isso não significa que seja da vontade de Deus passarmos por todo tipo de circunstâncias ruins e problemas na vida, mas significa que, mesmo diante de tudo isso, devemos ser sempre gratos a Ele.

A vontade de Deus é que desenvolvamos um coração de gratidão independentemente do que esteja acontecendo exteriormente conosco.

É muito fácil ver pessoas insatisfeitas, ingratas e amarguradas porque algumas coisas não estão saindo conforme o esperado. Mas se aprendermos a ser gratos em todas as coisas, inclusive nas pequenas, a gratidão em nosso coração fará com que a graça de Deus se manifeste em nossa vida e a nosso favor.

2) A gratidão nos traz a capacidade de ser feliz em toda e qualquer situação

Paulo aprendeu a ser grato mesmo quando as coisas não pareciam favoráveis a ele.

Filipenses 4:11-13
"Digo isto, não por causa da pobreza, porque aprendi a viver contente em toda e qualquer situação. Tanto sei estar humilhado como também ser honrado; de tudo e em todas as circunstâncias, já tenho experiência, tanto de fartura como de fome; assim de abundância como de escassez; tudo posso naquele que me fortalece."

Aprender a viver contente não significa que você vai parar de buscar o melhor, também não significa que você não vai mais avançar para alvos maiores; apenas significa que, enquanto o melhor e o maior não chegam, você é grato por aquilo que você tem, por aquilo que Deus faz chegar à suas mãos. E é nessa posição de gratidão que a força e a graça de Deus se manifestam. Paulo pôde confiadamente dizer: "Eu posso todas coisas Naquele que me fortalece".

Eu creio que, de um coração que exala gratidão, se ativa no reino espiritual a força e a graça de Deus para vencer no tempo da crise.

Paulo aprendeu e desenvolveu um coração tão grato a ponto de permanecer feliz em toda e qualquer situação, mesmo quando tudo parecia contrário. Ele não dependia das coisas naturais ao seu redor para ser feliz, para ser grato.

3) A gratidão frustra os planos do inimigo

Quando expressamos gratidão a Deus, inclusive no tempo da adversidade, estamos deixando o egoísmo de lado, estamos deixando de dar prioridade para nosso problema, confundindo, assim, o nosso inimigo. E estamos dando glória Àquele que verdadeiramente pode nos conduzir em triunfo.

Salmos 50:23
"O que me oferece sacrifício de ações de graças, esse me glorificará..."
Jó 1:20-22
Então, Jó se levantou, rasgou o seu manto, rapou a cabeça e lançou-se em terra e adorou;
e disse: Nu saí do ventre de minha mãe e nu voltarei; o SENHOR o deu e o SENHOR o tomou; bendito seja o nome do SENHOR!
Em tudo isto Jó não pecou, nem atribuiu a Deus falta alguma.

4) A gratidão traz provisão sobrenatural

A gratidão ativa a provisão sobrenatural. Vemos Jesus no texto Bíblico a seguir alimentando mais de quatro mil pessoas com apenas sete pães e alguns peixes.

Mateus 15:36

"Tomou os sete pães e os peixes, e, dando graças, partiu, e deu aos discípulos, e estes, ao povo. Todos comeram e se fartaram; e, do que sobejou, recolheram sete cestos cheios. Ora, os que comeram eram quatro mil homens, além de mulheres e crianças."

Note que Jesus não reclamou daquilo que Ele não tinha. Naturalmente falando, Ele não tinha o suficiente para alimentar mais de quatro mil pessoas reunidas naquele dia. Sete pães e alguns peixes não seriam suficientes para alimentar todo aquele povo. Mas ele foi grato pelo que tinha, por aquilo que Deus fez chegar às suas mãos.

Em Mateus 14:19, em outro relato de uma situação parecida, a Bíblia diz que Jesus pegou os pães e peixes e ergueu os olhos para o céu e os abençoou. Isso nos diz que Jesus olhou para o alto, para onde sua provisão estava, Ele abençoou o que tinha e, mesmo sendo pouco, tornou-se mais do que suficiente por causa de um coração grato.

5) A gratidão muda o ambiente e o torna favorável

A provisão sobrenatural e os milagres são gerados quando existe uma atmosfera de gratidão.

Você está pronto para mudar o seu ambiente manifestando a sobrenatural de Deus por meio da sua gratidão? Nunca é tarde para começar.

- Viva e desfrute toda a provisão e manifestação de Deus ativados pela gratidão do seu coração.
- Profetize! Há poder em suas palavras, use-as em seu favor!

CAPÍTULO 10: A VIRADA

- Foque no que crê que Déus possa fazer por você, e não na sua dor.
- Viva de acordo com o que você crê, e não de acordo com perdas e dores.
- Conte com a ajuda de Deus, que tem pensamentos a nosso respeito de paz e não de mal para dar o fim que desejamos! (Jeremias 29:11)

Capítulo II

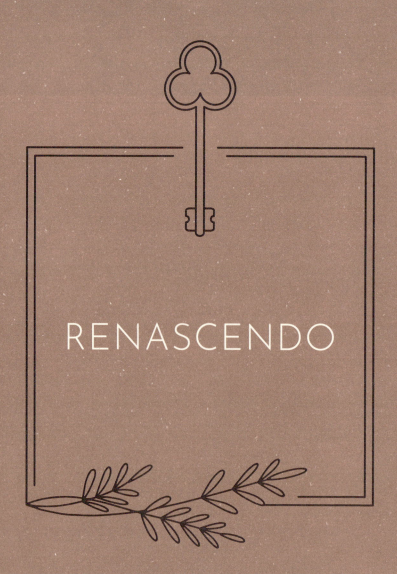

RENASCENDO

O primeiro avanço concreto na direção do Renascimento eu só fui perceber quase depois de um ano da morte do Tidão, no final de 2017, com a aproximação de dezembro novamente.

Estava orando, quando "do nada" ouvi a voz do Espírito Santo me dizendo: "Vou te dar uma boneca 'Amiguinha'".

Tomei um susto! Eu conhecia muito bem aquela voz!

"Boneca Amiguinha?!", repeti em voz alta algumas vezes.

Senhor?! Boneca Amiguinha? De onde saiu essa ideia?

Nunca fui de brincar muito com bonecas, mas quando tinha por volta dos 5 anos, ganhei de meus pais uma boneca chamada "Amiguinha". Ela era grande, com mais de 1 metro de altura...

Eu simplesmente me apaixonei pela boneca e a levava para todo lugar! Naquela época, meus pais tinham um Fusca vermelho (mais para vinho, na verdade) e íamos os três filhos, eles e a Amiguinha no Fusca... (imaginem a cena)

Imediatamente, vieram à minha mente cenas como estas: com a família de Fusca; às vezes voltando do colégio de ônibus com minha prima Ester, que fazia faculdade na Pontifícia Universidade Católica (PUC) ao lado do colégio em que eu estudava, brincando em casa sem deixar meus irmãos tocarem na boneca!

Não! Não! Deus não podia estar falando sério comigo!

Foi aí que me dirigi ao Senhor e falei: "Pai, com todo o respeito, eu gostava muito de minha boneca, mas simplesmente agora não tenho nem onde colocar nem vejo função para ela!".

Foi quando o Espírito Santo me falou: "Pois é! Você amava tanto sua boneca 'Amiguinha', não é? Nem o nome dela você quis trocar! Mas ela foi importante para aquele ciclo da sua vida".

"Como você mesma falou, neste seu atual ciclo de vida, ela não cabe mais!" E Deus continuou: "Eu sou o Deus que tenho alegrias, realizações, sonhos, vitórias, conquistas, para cada este novo ciclo de vida. Você também ficará apaixonada e feliz pelo que tenho para você neste seu novo ciclo de vida, creia!".

Sinceramente, leitor querido, desejo que você possa agora mesmo estar sendo visitado pelo Espírito Santo como eu fui naquele dia!

Deus tem para você conquistas, alegrias e felicidades ainda não provadas para este novo ciclo. Abra-se para Ele e faça uma aliança de amor com o futuro que Deus tem para sua vida pela fé!

Essa experiência me fortaleceu de tal maneira que o segundo Natal, segundo dia do aniversário do Tid, segundo ano desde a sua partida, segunda passagem do ano sem ele, meu aniversário, e todas as datas que foram tão complicadas e doloridas de passar no primeiro ano após sua partida, agora ficaram mais leves para serem enfrentadas, me encheram de esperança.

Deus tem para você também alegrias, realizações, sonhos, vitórias e conquistas para cada ciclo de sua vida!

Em outubro de 2018, fomos para Israel em Caravana Apostólica, eu, meu marido, minha filha e uma grande caravana de pessoas sedentas por conhecer mais e se aproximar de Deus.

Essa peregrinação em Israel, por meio da Caravana Apostólica, é uma oportunidade incrível para crescer espiritualmente!

Não houve uma vez que tivesse ido a Israel que não voltasse em muito acrescentada em minha comunhão com Deus, em minha espiritualidade. E olha que já fui para lá aproximadamente trinta vezes!

CAPÍTULO II: RENASCENDO

Durante a peregrinação, há o batismo no rio Jordão e, logo em seguida, os mergulhos proféticos, que é algo que fazemos em todas as Caravanas.

É uma experiência marcante, única, inigualável!

Enquanto eu estava dando os sete mergulhos proféticos no Jordão, abraçada com meu marido e filha, novamente ouvi em alto e bom som: "Sonia! Hoje Eu estou restituindo sua vida para você mesma!".

O choro foi mais uma vez incontrolável! Só que agora era de gratidão, misturado com louvor e adoração a Deus! Uma luz intensa espiritual veio sobre mim e começou a me ministrar, falando:

"Sonia! Hoje eu te devolvo para você mesma!"

E o Espírito Santo me disse ainda: "Muito mais do que a metade dessa dor, dessa ausência, que você sente por causa do Tid vem da falta que sente de como era quando você o tinha: de como você compunha louvores quando o Tid estava vivo nesta Terra; como você vinha e como era aqui em Israel com ele; como você se levantava, como pensava, e como vivia, fazia e enxergava todas as coisas com ele! Ele está comigo! Mas Eu, o Teu Deus, estou te devolvendo para você mesma! Eu hoje cumpro minha Palavra, a que falei em Meu altar e você entrou em Aliança com ele com votos! Hoje Eu a cumpro sobre sua vida!".

Foi uma das mais fortes e transformadoras experiências que tive em minha vida! Dela, brotou um louvor que está no álbum Renascer Praise 21:

> "Encontrei o meu lugar"[13]
> Ouvi Tua voz
> Me chamando pra viver melhor

---

13 ENCONTREI o meu lugar. Intérprete: Renascer Praise. *In*: RENASCER Praise XXI - Hosana. Rio de Janeiro: Universal Music Group, 2019. Faixa 1.

*Do que as guerras e mortes
roubaram de mim
Som que liberta
Luz de vida que me invade
Me trouxe asas!
Voar, no som da Tua voz
Espírito de Deus!
Voar no som da Tua voz
Espírito de Deus!
Encontrei o meu lugar
Tua Presença
Ser mais cheio do Espírito
É o milagre
Aleluia
Vem me faz voar, faz voar
Santo Espírito
No som da Tua voz
Viajar, Santo Espírito
Vem me faz voar, faz voar
Santo Espírito
Encontrei o meu lugar
Tua Presença*

Essa experiência me transformou e passou a ser minha verdade! Tomei posse dessa Restituição!

Jesus não é um ponto-final, Ele é o Caminho!

Tenho andado por este caminho e nele tenho sido realmente restituída de mim mesma, e o melhor: numa versão atualizada!

Não sou mais a mesma pessoa que era quando tinha meu filho aqui na Terra e interagia com ele, e nem mesmo aquela que pouco conseguia me comunicar e interagir com ele durante os sete anos do coma. Sou uma mãe que tem um filho em outro plano, muitas conexões precisaram ser refeitas, algumas já não faziam mais sentido, e abriram lugares para novas.

Sabe, para cada ciclo de vida temos companheiros de jornada diferentes, bem poucos são para toda a vida. Assim como nossas necessidades e até afinidades mudam.

Ter como guia a luz que é Jesus, ser mentoreada pelo Espírito Santo, estar debaixo de autoridade espiritual, fazer parte da Igreja na qual as portas do inferno não prevalecem; ter como manual a Bíblia, verdade que não muda e sempre funciona ao longo das gerações e séculos, é o ambiente!

Tudo isso tem me feito alcançar a graça e o favor de Deus.

Ressurreição é para quem fica!

> "Se habita em vós o Espírito daquele que ressuscitou a Jesus dentre os mortos, esse mesmo que ressuscitou a Cristo Jesus dentre os mortos vivificará também o vosso corpo mortal, por meio do seu Espírito, que em vós habita."
>
> **Romanos 8:11 ARA**

Deseje ser consolado, busque Renascer, abra-se para que o Espírito de Ressurreição e Vida que ressuscitou a Jesus Cristo dentre os mortos também te ressuscite!

Vai valer muito a pena passar pelo Processo Renascer. A vida que Deus me deu nesse Renascimento tem sido, em todos os seus desafios e inclusive choros, intensa, feliz, cheia de realizações e conquistas, repleta de alegrias! Uma grande restituição em honra de Deus!

Precisava dividir tudo isso com você!

Sei que também é para você esta bênção que me ressuscitou e me fez renascer para esse novo ciclo de vida muito além do que poderia sonhar!

Venha Renascer você também!

DÉCIMA PRIMEIRA CHAVE:
RECEBA A RESTITUIÇÃO DE VOCÊ MESMO EM NOME DE JESUS

Para mim, esta é a Chave mais importante do Processo todo, a que mudou minha existência! O atestado de que superei! Ser reintegrada de mim mesma diminui minha dor, e muito! Me dá condições de prosseguir e inclusive faz dessa experiência tão dolorosa um crescimento, aprendizado, e me capacita para desfrutar e aproveitar mais cada minuto de vida com os que amo, com o que Deus tem me dado e procurar ser melhor, para Deus, para mim, para com os que me rodeiam.

Rir mais, viver mais intensamente, procurado aproveitar cada detalhe.

Em Nome de Jesus esse Poder de Vida e Ressureição também invadirá você e esse novo ciclo será surpreendentemente abençoado para você, de tal modo que olhará para trás e louvará a Deus!

CAPÍTULO 12

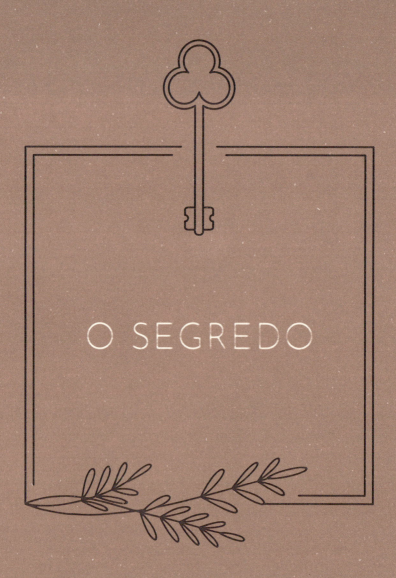

O SEGREDO

Quer mesmo saber?

Por ser complexo e ao mesmo tempo tão simples, vou resumir em dez passos o Segredo que consiste no Processo Renascer que Deus me entregou.

Vamos lá!

1º) ACEITE E QUEIRA SER CONSOLADO POR DEUS

Comprometa-se com esse segredo, fazendo dele seu modo de vida.

COMO?

Escolha acreditar que Deus, em todo o tempo, é bom e que Sua vontade é o melhor para sua vida e também para a vida de quem Ele recolheu.

Firme posição nessa premissa e não abra mão.

Tudo que fale contra isso, simplesmente não acolha em sua mente.

Conheço Deus por andar com Ele e sei que estar com Ele é infinitamente melhor do que estar aqui.

Tive uma experiência muito forte com Deus, quando ainda o Tidão estava em coma. Fazia apenas alguns meses que ele tinha entrado nesse estado e eu estava totalmente destroçada por dentro. Sentia que a cada manhã precisava "recolher meus pedacinhos com uma pá" e colocar diante de Deus para conseguir enfrentar mais um dia, ministrando em verdade, e somente Deus poderia me dar essa condição espiritual que faz com que superemos nossa mente assolada e cansada, assim como nosso corpo castigado.

Fui então convidada para ministrar na Igreja Lagoinha de Belo Horizonte.

Durante a tarde, no hotel, de joelhos em oração, fui visitada fortemente pelo Espírito Santo, que, em audível som, me falou: "Peça-me para ser consolada!".

Foi um golpe para mim!

De imediato dei um grito alto: "Não! Quero meu filho de volta! Não! Se eu pedir para ser consolada, ficarei sem ele! Senhor, por favor, não! Em Nome de Jesus, não! Pai, sei que meu filho nem se compara ao Teu Filho Jesus, mas Tu o tiveste de volta, porque Sua misericórdia é grande, em Nome de Jesus, devolve o meu!".

A resposta que obtive foi:

"Peça-me para ser consolada porque sem isso você não conseguirá prosseguir".

Na época, interpretei que seria um período de coma bem mais longo do que eu imaginava, assim como de fato foi, chegando a sete anos.

Logo que o Tid entrou em coma, usei o jejum como arma de guerra espiritual. Conheço o poder eficaz dessa arma associada aos votos, clamores e oração! Portanto, me coloquei em campanhas de jejuns estratégicos.

O que são jejuns estratégicos?

São jejuns que o seu período tem significado espiritual.

Por exemplo, cinquenta e dois dias para vivermos uma grande restauração assim como aconteceu com Neemias. Quarenta dias de jejum para vivermos uma mudança completa de ciclo, como aconteceu com Moisés, Jesus, Paulo...

Vinte e um dias para vencermos uma guerra contra principados e dominadores satânicos, como foi com Daniel.

E por aí vai... Inclusive, é muto importante participar de todos os jejuns que a Igreja faz! Não deixe de participar de nenhum deles, eles vão fortalecer você para enfrentar a guerra.

CAPÍTULO 12: O SEGREDO

Eu então projetava minha vitória sobre aquele coma nesses períodos em que me consagrava para receber o poder e a revelação de Deus para vivê-los.

De fato, cada um desses períodos trouxe grandes melhoras para o Tidão, que sobrenaturalmente conseguia progressos impossíveis aos olhos humanos.

Quando o encontramos, logo após ter entrado em coma, ele tinha seu abdômen aberto. A ele estavam ligadas quatro bolsas drenando um líquido preto horrível, dado ao absurdo que havia sido cometido com meu filho.

Não só seu abdômen estava aberto como também havia fístulas internas. Suas veias mal aguentavam a medicação e ainda precisavam também receber a alimentação.

Foram dias muito difíceis, que precisarei de outro livro para descrever como consegui enfrentá-los e vencê-los.

Mas, enfim, foi um período de empenho em conseguir fazer todo o possível que havia no mundo em termos de medicina... Procurar, investigar, consultar pessoas, mas na realidade não encontrei nada a mais do que já estava sendo feito, e olha que acionei o globo terrestre, tenha certeza! Não faltou canto da Terra! Estados Unidos, Europa, experimentos na China, todo o conhecimento de Israel...

Empenho esse respaldado pelos jejuns e consagrações, que resultaram em progressos sobrenaturais e acabaram ao fim de quatro anos liberando o Tidão completamente de aparelhos, inclusive cicatrizando milagrosamente as fístulas internas também.

Digo isso porque há vítimas desse mesmo médico que até hoje agonizam com fístulas internas causadas por esse desvairo. Impressionante como Deus reagia permitindo progressos e melhoras totalmente impossíveis aos olhos da medicina. E, para mim, era impressionante como Deus não o curava totalmente!

Só foi possível superar essa fase de questionamento porque eu tinha desenvolvido espiritualidade com Deus, bem como uma história de vida com Ele.

As experiências que tenho com Deus não me permitem questionar seus métodos e processos! Ele é Deus! E quem sou eu para inquirir Sua maneira de agir?

Seus caminhos são mais altos do que os meus!

"'Meus pensamentos são muito diferentes dos seus', diz o Senhor, 'e meus caminhos vão muito além de seus caminhos. Pois, assim como os céus são mais altos que a terra, meus caminhos são mais altos que seus caminhos, e meus pensamentos, mais altos que seus pensamentos. A chuva e a neve descem dos céus e na terra permanecem até regá-la. Fazem brotar os cereais e produzem sementes para o agricultor e pão para os famintos. O mesmo acontece à minha palavra: eu a envio, e ela sempre produz frutos. Ela fará o que desejo e prosperará aonde quer que eu a enviar.'"

Isaías 55:8-11 NVT

Andar em seus caminhos é ter autoridade, paz e soberania sobre qualquer situação!

Por isso jejum, oração, meditação e prática da Palavra, votos e propósitos no altar de Deus me cobrindo espiritualmente e clamando no mundo espiritual, apegada à Igreja mais do que nunca, pois contra ela as portas do inferno não prevalecem; fazendo a obra de Deus com todas as minhas forças, empenho e amor.

O "agradar-se do Senhor" faz com que nossos desejos do coração sejam cumpridos, assim como nos fortalece e nos leva a experiências espirituais que produzem perseverança e a esperança que não confundem, pois nos inunda do amor de Deus e de Sua Presença, que faz com que tudo seja possível!

Bom, imersa nesse contexto, por fim, consegui, ali naquele hotel em Belo Horizonte, clamar e pedir: "Senhor, consola-me! Tira de mim toda crença limitante e errada que tenho sobre consolo! Eu escolho acreditar que Seu caminho e vontade sempre serão o melhor para mim!".

Tenha certeza de que somos consequências de nossas escolhas. Escolher ser consolada, quer dizer renúncia também! Quer dizer que renunciei ao impulso e a todos os motivos que tenho para entrar em choro, desespero, desesperança, revolta, abatimento, ansiedade, depressão e síndrome de pânico (sim, medo de perder quem a gente ama, medo de como vai ser, medos demais).

Faça essa escolha agora comigo.

Vamos orar juntos!

> Ore assim: "Pai de amor, me coloco agora diante de Teu altar para dizer que escolho ser consolado, acreditar que a vontade e direção de Deus para a minha vida é a melhor, e andarei nessa fé, buscando os novos passos! Ajuda-me e dá-me forças para perseverar em Seus caminhos, em nome de Jesus, amém".

2ª) LIVRE-SE DE TODA A CULPA E ACUSAÇÃO

Parece mesmo que você é Deus, né?

Até parece que se você tivesse percebido, ou tivesse feito, ou tivesse brigado, falado...

Ou então, pelo contrário, se não tivesse brigado nem falado...

Pare agora!

Cada um tem um destino traçado por Deus.

Você não é o sol para ter tudo girando ao seu redor, dependendo de sua luz!

É Deus que tem comando e soberania sobre tudo.

Você? Quem é você mesmo?

Uma mãe? Um pai? Uma esposa? Um marido? Um irmão ou irmã? Um filho, filha, amigo, parente... Quem?

Você poderia ter feito mais?

Ou poderia ter falado, intervido?

Ah! Agora quer ser o Superman ou a Mulher-Maravilha? Ou será que deveria ter uma bola de cristal?

Não se imponha essa loucura mental e emocional! Não é suficiente o que você está passando? Por que alimentar esse ódio de si mesmo? Neste momento, você pode até estar me respondendo que na verdade poderia ter feito mais e não fez...

Sente-se culpado por ter omitido algo? Ou por ter cometido algo e contribuído para que a fatalidade acontecesse?

E vai fazer o que com isso agora? O que vai mudar?

De um pedaço de madeira, você pode construir uma cruz para te matar todos os dias ou uma casa para que o abrigue e o ajude a ser melhor!

O que não dá para mudar nos mostra que precisamos ser melhores daqui em diante!

Confesse diante de Deus tudo o que seu coração acusa, tudo o que o faz sentir-se culpado, peça para ser purificado também de toda sequela desse mal e acredite que o Sangue de Jesus livrará você de todo o pecado e o purificará de toda injustiça.

Já percebeu que essa parte do segredo também envolve posicionamento e fé?

Por isso que o justo – aquele que não vive debaixo de acusação, da condenação e de acordo com as circunstâncias – vive pela fé!

Confessou-se diante de Deus?

Recebeu seu perdão?

CAPÍTULO 12: O SEGREDO

Agora ande pela fé! O que está confessado diante de Deus está justificado pelo Sangue de Cristo Jesus. Você não é culpado!

Ah! Seu problema não é bem culpa... É incerteza! Insegurança! Não sabe para onde foi a pessoa amada?

Já entendi o que está acontecendo!

Ataca novamente a "síndrome da bola de cristal"!

Você pode me falar o que aconteceu no último momento de vida da pessoa amada que se foi?

Porque um dos ladrões que estava ao lado da Cruz de Jesus, se esvaindo em sangue, pediu a Jesus que se lembrasse dele, e ali ele foi salvo!

Em suma, tudo está nas mãos de Deus.

Se você pode fazer alguma coisa aqui para mudar isso?

Claro!

Quando algo não depende de nós, devemos buscar ter paz em Deus. Busque ser justificado por intermédio do sacrifício de Jesus na cruz para, assim, receber paz e perdão de Deus. Isso você pode fazer, e agora mesmo!

A misericórdia e o amor de Deus são tão grandes e tão diferentes dos nossos que não vale a pena se desgastar com o que não podemos controlar!

Nessa encruzilhada da vida, escolha seguir a setinha que diz assim: "Siga em frente!", até porque para trás não tem mais caminho!

> "É claro, irmãos, que eu não penso que já consegui isso. Porém uma coisa eu faço: esqueço aquilo que fica para trás e avanço para o que está na minha frente. Corro direto para a linha de chegada a fim de conseguir o prêmio da vitória. Esse prêmio é a nova vida para a qual Deus me chamou por meio de Cristo Jesus."
>
> **Filipenses 3:13-14 NTLH**

Lembre-se, você fechou a questão em querer ser consolado! Então não se enrole com culpas, incertezas e inseguranças.

> Ore assim: "Deus, em nome de Jesus, eu confesso diante de Ti minhas dúvidas, medos, inseguranças, culpas e pecados. Eu recebo o perdão de Deus sobre mim e me perdoo. Toda acusação não tem mais poder sobre a minha vida, sou livre pelo sangue de Jesus!".

3º) FAÇA UMA ALIANÇA COM A VIDA

Este passo do Processo Renascer é também fundamental.

Ao fazer aliança com a vida, você está limitando o poder da morte e, ao mesmo tempo, vencendo-a. A morte vem com uma missão, mas, se nos descuidarmos, ela tratará de matar em vida os que ficaram se impedindo de viver ao passar a controlar a própria morte.

Repito o que falei ao longo deste livro: não permita que a morte assuma o controle de sua vida! Posicione-se fazendo uma aliança com a vida, até mesmo em consideração e amor a quem se foi, para não passar a ser o responsável por sua depressão, por sua morte em vida.

Mantenha a integridade da memória de quem se foi, não permitindo que essa pessoa seja lembrada por seu atual estado de destruição.

Como você acha que a pessoa que morreu gostaria que você estivesse? Pense nisso.

> Ore assim: "Deus, hoje eu faço aliança com a vida e com a ressurreição, não estou morto e aceito Seu sacrifício de amor por mim. Faço aliança com a vida presente e com a vida eterna, eu sou livre em nome de Jesus!".

4º) ABRA-SE PARA SER TRANSFORMADO – ENTRE PARA O PROCESSO RENASCER

Isso quer dizer pedir a Deus que ensine você a viver sem a presença da pessoa amada. Abrir-se para ter uma nova maneira de pensar, sentir, reagir... em suma: a prática literal de Romanos 12:1-2:

"Portanto, irmãos, suplico-lhes que entreguem seu corpo a Deus, por causa de tudo que ele fez por vocês. Que seja um sacrifício vivo e santo, do tipo que Deus considera agradável. Essa é a verdadeira forma de adorá-lo. Não imitem o comportamento e os costumes deste mundo, mas deixem que Deus os transforme por meio de uma mudança em seu modo de pensar, a fim de que experimentem a boa, agradável e perfeita vontade de Deus para vocês."

Romanos 12:1-2 NVT

Essa fase do Processo Renascer vai requerer que você realmente apresente seu corpo, sua vontade, seus pensamentos e sentimentos como sacrifício, para que novos pensamentos e atitudes assumam sua vida e o façam conhecer, experimentar a boa, perfeita e agradável vontade de Deus que dá propósito para essa dor e o faz andar nos caminhos mais altos de Deus.

Aqui compartilhei com você o que realmente resolveu a minha vida e tenho certeza de que vai resolver a sua também. Enxergue isso como uma missão.

Passe por essa morte dando a ela um propósito. Essa não é uma dor escolhida por você, mas permitida por Deus, e toda dor sempre tem propósito.

Não trate a dor trazendo mais dores, porque essas sim serão suas escolhas.

> Ore assim: "Deus, hoje eu Te escolho, escolho Sua paz, Seu consolo, Seu caminho e Sua presença. Eu não sou refém da dor, e Te peço que me ensine a lidar com a dor da perda, para que eu seja transformado além do que meus olhos podem ver".

5º) FAÇA DA PALAVRA DE DEUS A SUA VERDADE

Para sair do emaranhado de sentimentos, pensamentos, lembranças, visões e vozes, só há um caminho, e esse é fazer da Palavra de Deus, que é a verdade, ser o seu caminho, ser o que orientará suas escolhas e decisões.

Acredite nisso! A Palavra de Deus, agora, mais do que em qualquer outro tempo, é a sua verdade e o que for contra essa verdade é uma mentira.

Procure uma mentoria espiritual para ajudar você nesse processo de discipulado.

Estar conectado a uma autoridade espiritual o fará prosperar nesse caminho do Processo Renascer.

> "[...] Crede no Senhor, vosso Deus, e estareis seguros; crede nos seus profetas e prosperareis."
>
> 2Crônicas 20:20 ARA

> Ore assim: "Deus, me dá sede da Sua Palavra, me faz entender, enxergar e viver. Quebra as barreiras do meu entendimento e me dirige para Sua luz transformadora em nome de Jesus".

O que não dá
para mudar
nos mostra que
precisamos
ser melhores
DAQUI EM
DIANTE!

6º) USE ARMAS ESPIRITUAIS

Lembre-se: você está em uma guerra espiritual que transcende o fato da pessoa amada ter ido. Agora é o espírito maligno de morte que quer destruir seu presente e matar seu futuro, aproveitando, como oportunista que é, o fato de você estar fragilizado pela perda do ente querido.

As coisas espirituais se enfrentam com coisas espirituais.

Você precisará usar armas espirituais tais como a Palavra de Deus, que, como espada, combate e aniquila os pensamentos, sentimentos e vozes que vêm para matar seu presente e seu futuro.

Também precisará do escudo da fé em Deus para ficar de pé, crendo que haverá bom futuro e que os caminhos de Deus para sua vida são melhores do que os que você imagina.

O jejum, a oração e os votos no altar impedirão você de ser devorado pelo que o cerca, pela ruindade e crueldade humana, pelo que sente, e principalmente por toda ação maligna. Eles te dão autoridade para assumir e viver um novo tempo, para ressuscitar para uma nova vida.

Não se esqueça também de estar debaixo da cobertura da igreja. Jesus foi claro: não somos sozinhos, não temos que passar por guerras sozinhos.

Somos parte de um corpo: o pé não anda sem a perna e a perna não se move sem a cabeça.

Quando Deus criou o mundo estavam lá Pai, Filho e Espírito Santo. Quando Jesus ressuscitou, ficou quarenta dias ensinando a igreja a seguir na mesma direção. A igreja é o corpo de Cristo, lugar em que você deve estar.

Só a igreja tem as chaves espirituais contra o inferno e, muitas vezes, você precisa sair do inferno da dor.

Leia e medite sobre Efésios 6:13-18:

CAPÍTULO 12: O SEGREDO

> "Por isso peguem agora a armadura que Deus lhes dá. Assim, quando chegar o dia de enfrentarem as forças do mal, vocês poderão resistir aos ataques do inimigo e, depois de lutarem até o fim, vocês continuarão firmes, sem recuar. Portanto, estejam preparados. Usem a verdade como cinturão. Vistam-se com a couraça da justiça e calcem, como sapatos, a prontidão para anunciar a boa notícia de paz. E levem sempre a fé como escudo, para poderem se proteger de todos os dardos de fogo do Maligno. Recebam a salvação como capacete e a palavra de Deus como a espada que o Espírito Santo lhes dá. Façam tudo isso orando a Deus e pedindo a ajuda dele. Orem sempre, guiados pelo Espírito de Deus. Fiquem alertas. Não desanimem e orem sempre por todo o povo de Deus."
>
> **Efésios 6:13-18 NTLH**

Ore assim: "Senhor, eu me aproprio da condição de filho de Deus, eu preciso da Sua presença, das Suas armas de guerra. Abre meu entendimento para não ser refém dos meus medos e para que não fique aprisionado ao passado, mas que, por intermédio de Sua palavra, orações e jejum, eu enxergue futuro em ti".

7º) GRATIDÃO

Comece e termine o seu dia com gratidão.

Tenha um caderno em sua cabeceira e anote de próprio punho três motivos pelos quais agradece o dia que viveu.

Essa prática é um verdadeiro *detox* emocional, que, além de nos livrar de emoções e pensamentos que são um verdadeiro lixo que vêm para nos envenenar, é uma atitude que nos deixa DE BEM COM A VIDA.

Traz oxigênio para os nossos dias, nos possibilitando espiar da atmosfera do céu!

Quando você tem soberania, por pior que seja seu dia, você agradece, porque venceu o dia e porque a luz de Deus o fez vencê-lo. Assim, as dificuldades do dia a dia não dominam sua vida.

Quando temos gratidão, conseguimos enxergar que, se temos saudade da pessoa, é sinal de que tivemos algo muito bom, então não faça disso mais uma enfermidade e sim mais um motivo para ser grato.

Gratidão é esperança, então, se eu for grato, vou estar apto a viver esse processo de restauração. A gratidão precisa me definir, pela minha história de vida e milagres com Deus.

Ore assim: "Deus, eu decido ser grato, me mostre todos os dias o que me atrapalha para que eu possa ser grato. Me perdoe por minhas murmurações e ingratidões e me dê a soberania de enxergar pelos Teus olhos".

8º) ORGANIZE-SE

O Processo Renascer inclui formar novos hábitos, cuja finalidade é impedir que o vazio deixado pela ausência de nosso querido que se foi se torne um abismo profundo e nos trague.

Aqui vai um planinho bem resumido de como deve ser essa organização:

- Gratidão, buscando a direção de Deus, entregando a Ele cada desafio do novo dia;
- Profetizar sobre cada situação a verdade das promessas que Deus tem para nossa vida;
- Focar nos sonhos para avançar neles a cada dia, nem que seja apenas 1% por vez;

CAPÍTULO 12: O SEGREDO

- Declarar a fé para se manter em pé;
- Fazer uso da aliança com Deus construída através de votos;
- Não "conversar" com problemas, não alimentar acusações, culpas e saudosismos; antes conversar com solução e avanço;
- Andar na direção dos sonhos, na força do Espírito Santo!

A melhor maneira de conseguir isso é com uma imersão. Veja, por exemplo, a Jornada +QV (que você pode conhecer melhor no livro *Mais que vencedoras*,[14] da Bispa Fernanda Hernandes Rasmussen), e imagine que, independentemente das dores, com as escolhas certas, você vai sim chegar lá.

> **Ore assim: "Deus, eu tomo posição hoje e me organizo para seguir em frente, para não tirar meus olhos de Ti e para acreditar que a cada dia basta seu mal. Desejo que o Teu Espírito me conduza e me convença a cada dia do que é melhor para mim".**

9º) COMPROMETA-SE COM O NOVO CICLO DE DEUS

É importante que você se empenhe corpo, espírito e alma para fazer com que este novo ciclo de vida seja melhor do que qualquer outro já vivido.

Disso depende sua vida, seu progresso, sua superação, sua felicidade.

Quando penso em compromisso, gosto de pensar no tema casamento: você sai de casa, muda de ambiente, hábitos e convívios. Começa a acordar em outro lugar, onde terá de construir uma relação sólida para que ele seja um ambiente saudável, com paz, alegria e prosperidade.

E quando estou comprometido com Deus, penso que quero ser um lugar onde o Espírito Santo queira habitar.

---

14 RASMUSSEN, F. H. *Mais que vencedoras*. São Paulo: Vida Livros, 2021.

Ore assim: "Deus, eu me comprometo a construir dentro de mim um ambiente saudável, pois sou Sua habitação. Me limpa, me ajuda, me restaura, me perdoa a cada dia, para eu ser livre das marcas e dores e estar pronto para a ressurreição do meu interior em Ti".

10º) RENASÇA!

Busque ser restituído de si mesmo, em seus pensamentos, sonhos e desejos. Abra-se para ressuscitar, ser uma nova pessoa melhor, mais madura e consciente, fortalecida em Deus e na força de Seu Poder. Você foi escolhido para Renascer e ser feliz!

Ame sua vida, ela tem muito para ser comemorada!

Há novos capítulos em sua vida a serem escritos e aceitos e, em Nome de Jesus, hão de ser os melhores e mais abençoados por Deus, de toda a sua história!

Hoje enxergo cada vitória que tenho, ainda maior que a anterior, porque uma pessoa sem a marca da morte sai do zero para ser feliz, mas nós saímos do "menos zero", então, apesar de tudo, me sinto amada!

Declare isto:

"Deus, apesar de _____, sinto-me amado por Ti!

Deus, apesar de tudo, o Senhor me faz andar!

Deus, apesar de tudo, estou em pé e tenho dom da vida!

Deus, apesar de tudo, não vou destruir meus sonhos e não vou abrir mão de mim mesmo!"

> "Bendito"[15]
> *Bendito é aquele que se humilhou*

---

15 BENDITO. Intérprete: Renascer Praise. *In:* RENASCER Praise XV – Reinando em vida. Rio de Janeiro: Gospel Records Digital, 2008. Faixa 11.

CAPÍTULO 12: O SEGREDO

Morrendo na cruz maldição se fez
De sua glória se esvaziou
Só por amor a mim
De escravo em rei me transformou
Pra que hoje com ele eu possa reinar
Um novo céu e terra criou
E junto com ele me faz assentar
Tudo o que tenho e hoje sou
Veio de ti, senhor Jesus
Me entregar
Me derramar
pra Tua glória!
A ti toda honra,
A ti toda glória e poder
Digno é o cordeiro
De adoração
Aleluia! Aleluia! Aleluia! Aleluia!
Aleluia! Aleluia! Aleluia! Te adorar
Aleluia! Aleluia! Aleluia! ao rei
Aleluia! Aleluia! Aleluia! ao rei
Aleluia! Aleluia! Aleluia! ao rei
Aleluia! Aleluia! Aleluia! ao rei
Aleluia! Aleluia! Aleluia! ao rei
Jesus!

Conclusão

Chegamos ao fim da nossa jornada, e eu espero que isso represente o começo de uma nova vida para você e para toda a sua família. Não estou dizendo que ao fechar este livro todas as feridas estarão saradas, você sabe muito bem disso. Mas, ao finalizar esta leitura, você estará pronto para um recomeço, uma maneira diferente e mais suave para viver o novo momento de Deus na sua vida.

Uma das lições mais poderosas que precisa aprender é que existem fases que você necessita avançar.

Quando alguém me perguntava: "Você está totalmente recuperada da partida do seu filho?", eu sempre respondia algo mais ou menos assim: "Consegui superar a fase aguda e estou a cada dia melhor".

Mas, hoje, eu tenho uma nova resposta e também um testemunho! Tenho um livro que trata o assunto da maneira mais íntima possível.

Seria impensável, há algum um tempo, cogitar a possibilidade de escrever sobre o luto.

E é exatamente por isso que estou tão feliz com esse novo projeto, inclusive já estou começando a planejar os próximos livros. O que era dor virou um recomeço, e esse recomeço se tornou um grande propósito na minha vida.

Eu peço que preste muita atenção no que vou explicar agora. É fundamental que você reflita profundamente sobre isso: a dor nunca acaba, porém ela pode ser administrada. E no momento que você conseguir administrá-la, ela pode se transformar em um combustível para o seu novo propósito.

Vou dar um exemplo: em outubro de 1892, a Universidade Stanford abriu as portas no estado da Califórnia, na região conhecida como Palo Alto, em memória do filho dos fundadores – o casal Leland e Jane Stanford – que faleceu com apenas 15 anos.

Hoje, Standford é considerada uma das melhores universidades do mundo. O impacto naquela região é imensurável. O mundo é diferente porque naquela região a inovação virou cultura. Quem poderia imaginar que um momento de luto se tornaria semente para algo tão grandioso? Então você precisa procurar a semente que está nas suas mãos hoje, aquela que o luto criou. Com isso no coração, é possível encontrar propósito, sentido, significado.

Quais os sonhos que o seu ente querido tinha? O que ele desejava realizar? O que estava naquele coração? Isso pode ser algo que venha a se tornar uma meta de realização para você. Transformar sua dor em oferta é o pontapé inicial para a sua nova jornada.

Faz cinco anos que meu filho Tid foi morar no céu e eu me lembro dele todos os dias... Mas essa lembrança, hoje, não me desestrutura. Posso assegurar que a dor e a morte não me engoliram e não me controlam, que sou uma pessoa feliz, realizada, que entendo o propósito de Deus e que reencontrei a alegria de viver!

Alguns podem pensar que, porque estou servindo a Deus, ministrando a palavra, de algum modo esse processo possa ter sido mais fácil para mim, ou seja, se sou espiritualmente forte, uma situação como essa é mais fácil de superar. Mas a verdade é que esse tipo de dor machuca igualmente, não importa quem você é. A diferença está em quanto tempo você ficará na fase aguda da dor. Isso foi algo que a

Palavra de Deus me trouxe consolo, conforto e propósito para decidir seguir adiante.

Por esse motivo, peço que não alimente essa dor. Mas isso é algo que você vai ter que decidir, que só você poderá escolher: você vai alimentar essa dor e viver esse ciclo de sofrimento sem-fim, ou decidir ser feliz e entregar a dor como uma oferta a Deus? A responsabilidade de ser feliz é toda sua! É isso mesmo, não tem como você fugir dela.

O que você fará com essa dor, no que vai transformá-la, só depende de você. Em vez de fazer dela algo destrutivo, faça algo que testemunhe ser possível seguir adiante, de que podemos todas as coisas quando Deus nos fortalece (Filipenses 4:13).

Hoje vejo que a minha dor serviu para curar muitas pessoas, além de libertar e salvar vidas. Ela também me deixou mais sensível às necessidades dos outros, agora me identifico mais com o sofrimento e com isso o poder do Espírito Santo flui ainda mais por meio da minha vida, gerando impacto e transformação ao meu redor.

Querido, abençoar a vida de outras pessoas é uma experiência maravilhosa que eu desejo muito que você viva! É algo que dá sentido maior para nossa vida.

Encontre um propósito na sua dor. Estou falando de propósito de vida, de algo que vai direcionar você daqui para a frente em direção ao futuro.

CUIDADO COM A AUTOSSABOTAGEM!

Para que você seja bem-sucedido nesta caminhada, quero deixar alguns conselhos finais.

Cuidados com os gatilhos que nos fazem autossabotar o processo de cura! Esses gatilhos muitas vezes são difíceis de identificar; podem ser hábitos, lembranças ou até mesmo pessoas à sua volta.

Exemplos: filmes que remetam à lembrança da perda, fotos antigas, músicas de que a pessoa gostava, redes sociais cheias de fotos ou comentários que entristecem...

Se essas lembranças fizerem bem, sem problemas, mas, se estão fazendo sofrer, por que continuar se torturando? O que você vai ganhar com isso?

Os gatilhos que nos levam à depressão nem precisam ser muitos, às vezes apenas um detalhe basta para fazer um estrago grande. É como jogar um fósforo em um palheiro; ele é pequeno, mas pode provocar um grande incêndio...

Algumas vezes, infelizmente, temos até que nos afastar de pessoas. Existem aqueles que ficam lembrando, lembrando, lembrando do sofrimento... Parece que, enquanto não conseguem fazem chorar, não sossegam, não é mesmo?

Procure se afastar dessas pessoas, mesmo que sejam queridas; peça que respeitem sua dor, seu desejo de não abordar o assunto.

Você precisa se preservar, porque certamente está muito sensível. Evite ambientes que possam te deprimir e tudo o que possa fazer você se sentir culpado de alguma maneira.

Não alimente esse sentimento de culpa. Se você se sente de algum modo culpado, busque a Deus, peça perdão, abra seu coração. Seja lá qual for a culpa que acha que tem, você já foi perdoado, porque o preço pago por nossos pecados foi muito alto: Deus entregou Seu amado Filho, Jesus, para morrer por nós! Pense: você está sofrendo por ter perdido um amado seu que está com Deus, imagine o quanto Ele sofreu ao entregar Seu filho amado para morrer por nós!

Evite ficar repetindo frases negativas e tristes, como "eu nunca mais vou ser feliz", "eu morri com fulano" ou "nunca mais quero viver". Saiba que, no mundo espiritual, as palavras têm poder! Do fruto da boca é que a gente se alimenta (Provérbios 18:20). Então fale de coisas boas, que edificam, consolam e curam.

Tenho uma dica boa que adoto na minha casa: espalho versículos pelos cômodos, coloco na geladeira, nos espelhos... e os leio em vários momentos do dia. Assim, eles me ajudam muito a lembrar e profetizar palavras de bênçãos sobre a minha vida e a minha casa!

De maneira alguma estou falando para você se esquecer da pessoa amada que se foi, até porque acredito que isso é praticamente impossível. Apenas recomendo que você se proteja para sobreviver, para ser curado e poder voltar a viver bem e ser feliz. Jesus veio para nos dar vida e vida em abundância, e isso serve para toda e qualquer situação.

A dor nunca pode ser um lugar de conforto. Não faça da dor o seu endereço, mas sim uma passagem.

CUIDADO COM OS *FAKES*!

Tome cuidado com as pessoas que querem ocupar o lugar da pessoa amada, o espaço que a pessoa que partiu ocupava na sua vida. Se for o de marido ou esposa, por exemplo, quem vier depois é o seu marido ou sua esposa atual, então não estabeleça comparações nem tente enxergar nele (ou nela) alguém que já foi. É um novo tempo!

Se for o de filho, como é o meu caso, tome cuidado para não ser machucado por aqueles que querem assumir características de quem já foi. Você pode ter muitos filhos, pode até ter outros, mas nenhum vai ocupar o lugar daquele que se foi. Tome cuidado consigo mesmo para não eleger alguém e atribuir a essa pessoa características da pessoa que partiu. Essa viagem mental pode dar trabalho, custar muito caro e desembocar em frustração e em um choro provocado por dores acumuladas. Dor pela pessoa que foi e dor por essa que você inventou, mas não existe.

Encerre esse ciclo triste e problemático e assuma um novo ciclo de vida, no qual surgirão novas amizades e até novos amores, e isso não quer dizer que você está traindo ou esquecendo quem se foi. Só quer dizer que você está vivo! Assim como as pessoas que se foram apareceram em determinados ciclos da nossa vida, essas que virão vão fazer parte deste novo momento. E está tudo bem.

RECAÍDAS ACONTECEM, MAS VOCÊ PODE SUPERAR!

Outra coisa muito importante: seja uma pessoa boa para você, uma pessoa misericordiosa e tolerante consigo mesmo. Teve uma recaída? É normal! Anormal seria você não ter! Levante-se. Retrocedeu, caiu, tudo bem. Pior do que cair é ficar prostrado.

Olhe para Jesus, autor e consumador da sua fé, e siga em frente. Viva um dia de cada vez, olhando sempre para o alto e não para o abismo.

Pense que um abismo chama outro abismo... Se você ficar preso no abismo de dor por muito tempo, só vai aumentar e piorar a cada dia. E é muito desaforo a morte, que já levou essa pessoa que você amava tanto, querer matá-lo em vida também! Não permita que isso aconteça!

Cair é humano, perseverar nisso é maligno. Não se deixe dominar pelo mal, mas vença o mal com o bem (Romanos 12:21).

É importante que você identifique, no entanto, o que provocou essa recaída. Por exemplo: noto que algumas pessoas têm essa recaída quando ficam muito sozinhas ou quando não têm uma ocupação.

É verdade que muitas fogem da dor e da necessidade de encarar a realidade se afundando em trabalho, o que também é uma fuga, mas quando não se sentem produtivas ou quando não têm nenhuma ocupação, acabam se entregando ainda mais para a dor.

Conforme comentei anteriormente, algo que aprendi no Processo Renascer é ter compaixão de mim mesma, não ser uma carrasca. Preciso me amar e entender que, por exemplo, no meu caso, é normal uma mãe chorar e ter seus momentos de tristeza quando se lembra do filho que partiu.

Nesses momentos, porém, eu sempre procuro aplicar o que chamo do "jejum dos cinco minutos", que funciona assim: só me permito cinco minutos de choro por dia. Se você, por exemplo, chorar um minuto pela manhã, economize, quem sabe você quer chorar mais quatro minutos à noite? Lanço mão dessa arma espiritual que é o jejum porque sei que temer a Deus é um valor inviolável para mim. Desabafar tudo bem, se desmontar não!

Me permito chorar, porque a Palavra diz: "Bem-aventurados os que choram porque serão consolados" (Mateus 5:4). Então, existe um choro que precisa ser chorado para ser consolado, que de vez em quando aparece. É impossível eliminar tudo de uma vez. Nesse sentido, esse choro é bom, porque vai te libertando. Mas não pode ser contínuo, nem tirar você do caminho da restauração.

CRIE UM AMBIENTE DE DEUS AO SEU REDOR

A Palavra diz que não é bom que o homem e a mulher estejam sós, essa é uma das primeiras constatações que Deus fez. "Então não fique sozinho, não se isole, procure trazer à lembrança o que pode te dar esperança" (Lamentações 3:21).

Crie um ambiente onde Deus pode se manifestar com louvor e oração. Não se conforme em estar deprimido e derrubado! Busque ser transformado, ressignificando tudo que você está passando pela transformação do seu entendimento. Assim você vai experimentar a boa, perfeita e agradável vontade de Deus (Romanos 12:2).

Acredite: Deus está empenhado em fazer você feliz! E as misericórdias d'Ele se renovam a cada manhã (Lamentações 3:22)!

"Porque sou eu que conheço os planos que tenho para vocês', diz o Senhor, 'planos de fazê-los prosperar e não de causar dano, planos de dar a vocês esperança e um futuro" (Jeremias 29:11).

Durante o processo de transformação, você também precisa se abrir para rever alguns conceitos. Muitos confundem, por exemplo, expectativa com esperança. São duas coisas muito distintas!

> A frustração vem da expectativa, que é aquilo que você desejava que acontecesse, que você queria muito que tivesse acontecido, mas não aconteceu.
> Você se projetou em cima daquilo, mas sem um respaldo de Deus. É aquilo que a sua carne queria, que era o melhor para aquela hora, para aquela situação, para aquele tempo que você estava vivendo.

A expectativa gera frustração porque ela nem sempre está de acordo com os planos de Deus. E frustração é uma amargura que faz a gente se sentir mal-amado, preterido, e, às vezes, até enganado, incompreendido e injustiçado.

Esperança é outra coisa. Esperança permanece, não acaba, frutifica, renova as nossas forças, abre caminhos onde eles não existem, ela vem assinada por Deus.

"A esperança que coloca em nossos corações vem assinada por tua grandeza, Senhor..." (trecho de "Esperança"[16], do Renascer Praise)

---

16 ESPERANÇA. Intérprete: Renascer Praise. In: RENASCER Praise V – Tributo ao Deus de amor. Rio de Janeiro: Gospel Records Digital, 1998. Faixa 5.

CONCLUSÃO

> **Esperança**
>
> Mesmo na tribulação, confusão, dias difíceis
> de choro e solidão
> Sempre haverá pra mim, uma porta aberta,
> resposta certa,
> livramento especial
> A esperança que colocas, em nossos corações,
> venha assinada por tua grandeza, Senhor
> Haverá consolo, renovação
> Da fraqueza brotará a força de um vulcão
> Não existe Deus assim, como tu és,
> que cuida e protege cada filho seu
> Sentir o teu Espírito é só o que eu preciso
> Pois o mais
> Todo o mais
> Certamente tu farás
> Ter Jesus como Senhor é um privilégio
> o maior milagre que alguém pode viver
> Ele sempre proverá, nunca faltará
> restituirá em dobro o que é meu
>
>

A esperança faz superar a dor porque, com certeza, você tem convicção absoluta de que Deus vai agir naquela situação. Já a expectativa não: você quer muito que Deus faça algo, mas não tem certeza se Ele vai fazer. E quando isso vira frustração, gera uma dor ainda maior, da qual o diabo quer se aproveitar para afundar sua vida cada vez mais. Quando isso acontece, o diabo tenta dizer que você não é amado por Deus, que você foi enganado, iludido, que tudo o que fez para Deus foi em vão, que o Evangelho não funciona. Frustração é uma dor que deixa mágoas, por isso, reveja suas expectativas para não ser enganado pelo seu coração e por suas carências.

Aproxime-se cada vez mais de Deus. Algumas pessoas me perguntam: "Como faço para ouvir a voz de Deus, como posso senti-lo mais perto?".

Em primeiro lugar, vá para o lugar onde Deus está. Entre na igreja e fique lá, se possível vá todos os dias, em todos os cultos, se encha da Palavra. Ouça, ouça, ouça muito a Palavra e faça dela a sua verdade. Isso precisa ser pela fé e fé vem pelo ouvir repetidamente a Palavra de Deus. Fique firme na Igreja, pois contra a Igreja as portas do inferno não prevalecem e o maior objetivo do diabo é afastar você de Deus.

> **Encontre um lugar onde você se sinta bem e ouça a Palavra, porque ela vai limpar você das muitas vozes e do vazio.**

Busque ajuda, tenha uma mentoria, uma autoridade espiritual te acompanhando, participe, por exemplo, de um grupo em que você possa ter amigos e amigas de oração, que orem com você.

Em segundo lugar, crie um ambiente onde Deus habita. Se Deus habita em meio aos louvores, crie um ambiente de louvor e adoração ao seu redor. Faça uma playlist de louvores – sugerimos alguns neste livro –, mas escolha todos os que fazem você se conectar com Deus, que deem vontade de levanta e andar, que sejam proféticos na sua

CONCLUSÃO

vida, que coloquem você dentro do plano de Deus, que em tudo que façam, o ternem mais que vencedor.

Em terceiro lugar, entenda que a oração é uma atitude de guerra. Você tem que romper barreiras e limites, então creia que Deus é recompensador daqueles que O buscam, O amam, então se aproxime d'Ele com fé. Isso quer dizer que nem sempre você vai sentir vontade de orar. Ore assim mesmo porque você precisa. Louve assim: "Espírito Santo, sou eu mais uma vez, buscando a Sua presença..." (trecho de "Toma a minha vida",[17] do Renascer Praise).

Toma minha vida

Espírito Santo, sou eu mais uma vez
Buscando a Tua presença
Vou te falar o que aconteceu
Preciso tanto de ti
Me revela o que fazer
A resposta está em ti
Com Teu vento vem me levar
Tua vontade é o melhor
Vem me encher, me dirigir
Em Tuas asas eu quero voar
Espírito me toma e não devolve
Tua vontade eu quero ser
Espírito me toma e não devolve
Santo Espírito de Deus
Espírito Santo, sou eu mais uma vez
Buscando a Tua presença

---

17 TOMA a minha vida. Intérprete: Renascer Praise. *In:* RENASCER Praise XIX – Daniel. Rio de Janeiro: Gospel Records Digital, 2015. Faixa 14.

Vou te falar o que aconteceu
Preciso tanto de ti
Me revela o que fazer
A resposta está em ti
Com Teu vento vem me levar
Tua vontade é o melhor
Vem me encher, me dirigir
Em Tuas asas eu quero voar
Espírito me toma e não devolve
Tua vontade eu quero ser
Espírito me toma e não devolve
Santo Espírito de Deus
Espírito me toma e não devolve
Tua vontade eu quero ser
Espírito me toma e não devolve
Santo Espírito de Deus
Santo, Santo
Espírito de Deus
Santo, Santo
Espírito de Deus
Digno, Digno
Cordeiro de Deus
Digno, Digno
Cordeiro de Deus

Você consegue se imaginar assim? Talvez você esteja pensando que só se fosse um milagre. Milagre? Se tem alguém que sabe que milagre existe e acontece com muito mais frequência do que imaginamos, essa pessoa sou eu! Eu sou um milagre, sou fruto de milagre, vivo por milagre!

Milagre é algo que só acontece quando a intervenção de uma força maior, maior do que todas as da Terra se manifesta, por isso um dos nomes de Deus é Deus Forte!

Por que não buscar um milagre? Para que sejamos livres é que Deus enviou a Jesus Cristo! Imagine-se livre, nem que for por milagre. Vamos começar acordando e saudando a vida com um bom e sonoro: Bom dia, Vida!

Acorde cada dia para viver, mas para viver da melhor forma possível. Há muitas formas de viver, por que tem que ser logo a pior, a mais sofrida, a menos produtiva e, por consequência, a que leva a fracassos? Você não é mais quem era. Você agora está melhor, passou pelo túnel, apenas tenha cuidado para não entrar em retornos.

Persevere em fazer com que este novo ciclo de vida venha a manifestar também essa sua nova versão, pratique tudo que aprendeu e insista em praticar.

Abra-se para coisas novas, ouse inovar, aperfeiçoe-se, invista naquilo que é forte, faça cursos, busque objetivos para seu futuro. Levante-se a cada dia com desejo de viver o melhor dia de sua vida!

Eu tenho certeza de que você vai conseguir. Eu cheguei e reafirmo: para Deus não existe nada impossível!

CONCLUSÃO

DÉCIMA SEGUNDA CHAVE:
PERSEVERE E COLOQUE EM PRÁTICA TUDO O QUE APRENDEU!

Sei por experiência própria que se não colocarmos em prática o que aprendemos, de nada adianta. Por isso, essa chave é muito valiosa: persevere e busque viver uma vida nova! Você não vai se sentir bem de um dia para o outro, mas vai conseguir melhorar a cada dia, passo a passo, se estiver disposto a recomeçar e tentar novamente.

Viva um dia de cada vez, dê um passo a cada dia. É como se você tivesse tido uma contusão e estivesse passando por uma fisioterapia: com o tempo, as articulações vão melhorando, os músculos vão se fortalecendo e você vai se sentindo mais capaz de realizar as atividades que realizava anteriormente. Emocionalmente é a mesma coisa: conforme for avançando no Processo Renascer, você verá que venceu mais uma etapa e vai desejar viver outra.

O processo de restituição de si mesmo também é algo que vai acontecendo dentro de nós, crescendo com o passar do tempo se nos mantivermos firmes na decisão de ressuscitar, de sermos livres! Imagine como seria sua vida sem essa dor, sem sofrer os muitos medos; sem sofrer a ausência, as perdas; sem o ódio rancoroso da falta de perdão; sem a amargura, sem a frustração, decepção, impotência, culpas... simplesmente livre.

CONCLUSÃO

Abra mesmo o seu coração falando de tudo que está enfraquecendo-o, de tudo que você está sentindo e não gostaria de sentir... Busque a Deus com louvor e oração.

Se você é batizado com o Espírito Santo, use a arma espiritual que é falar em línguas espirituais. Cale a voz do seu coração, da sua alma... Cale a voz dos muitos pensamentos e sentimentos atropelados e fale em línguas, porque quem fala em línguas se edifica, e isso vai fazer você sentir a presença de Deus.

"Buscar-me-eis e me achareis quando me buscares do todo o seu coração" (Jeremias 29:13).

O que impede? Acusação do diabo, traições, pecado...? Confesse diante de Deus, limpe seu coração, perdoe. Com o coração pesado, você não vai sentir a presença d'Ele. Perdoa, se limpa, se santifica, assim você vai ouvir a voz de Deus. Ele quer tanto ter comunhão conosco que não poupou nem Seu único filho, Jesus Cristo, para que pudéssemos viver em comunhão com Ele e ter vida em abundância.

E O FUTURO? O QUE ESPERAR?

A partir de agora, você tem condições de encarar seu futuro com outros olhos. O segredo para que esse futuro se abra para você é, em primeiro lugar, querer. Na sua alma, no seu íntimo, você realmente precisa querer ter um futuro feliz.

Em segundo lugar, busque ter comunhão com Deus, e, em terceiro, faça parte de uma igreja, como já comentei anteriormente.

Você vai precisar de Palavra, do Espírito Santo e da Autoridade de Deus sobre a sua vida. Deus é o pai, e representa a autoridade; Jesus, a Palavra; e o Espírito Santo é Aquele que opera em nossa vida, que faz com que as coisas realmente aconteçam.

Para ter futuro, precisamos existir. Quem não existe não tem futuro. Quem deixou de ser, não pode ter futuro. Então o primeiro passo é você se ocupar em ter um futuro, em se reerguer e ser restituído de você mesmo. Vou dizer mais uma vez: você precisa querer. Querer ser consolado, querer viver bem, querer ser feliz, querer viver seus sonhos e ser restituído da sua força e alegria de viver.

Você também precisa se livrar do passado para focar no futuro, porque dois corpos não podem ocupar o mesmo espaço. É preciso fechar essa porta do passado, viver o presente e planejar o futuro. Você não foi criado por Deus para ficar na dor, para ficar angustiado, para ser um morto-vivo.

Para ter futuro, você precisa deixar o passado no lugar do passado e trabalhar o presente de tal modo que ele gere um futuro promissor.

No início deste texto eu já disse que me lembro do meu filho Tidão todos os dias. Mas me lembro com alegria e não com tristeza, porque meu filho era sinônimo de festa, ele nunca combinou com morte. Ele era e sempre será sinônimo de vida para mim!

Se você souber entregar seu caminho ao Senhor, confiar n'Ele, e realmente se empenhar e assumir a responsabilidade de ser feliz, o Espírito Santo vai transformar você também.

Você vai viver o grande milagre da própria restituição, que não se dá em um estalar de dedos, mas vai lentamente se completando.

Estou certa de que, por meio desse Processo Renascer que dividi com você neste livro, sua vida também vai mudar.

Apesar de nunca esquecer o que aconteceu, você vai conseguir sim encarar o futuro com esperança, com uma nova perspectiva. A dor da perda não vai mais controlar suas ações, a morte não terá mais o poder de derrubar nem de destruir você, pois foi vencida por Jesus Cristo!

Acredite: a partir de agora, começa um Novo Dia, um Novo Tempo de alegria e paz na sua vida!

Quer mais detalhes sobre este novo ciclo?

Então encontro você no meu próximo livro!

CONCLUSÃO

A Resposta

Não, não há lugar

Não há lugar melhor

Que o lugar que eu sinto

Que o Senhor está

Só nesse lugar

O medo perde a vez

E dá lugar a fé

Capaz de me levar a paz

Que excede todo entendimento

Quem vê de fora não entende

Como é que estão de pé

Como eles conseguiram

A resposta é

Que eu vivo de milagres

Desta vez,

Vai ser mais um milagre

Eu não sei como Deus irá fazer

Mas eu sei vai ser perfeito

Como tudo o que ele faz

Não, não há lugar

Não há lugar melhor

Que o lugar que eu sinto

Que o senhor está

Só nesse lugar

O medo perde a vez

E dá lugar a fé

Capaz de me levar a paz

Que excede todo entendimento

REENCONTRO COM A VIDA

Quem vê de fora não entende
Como é que estão de pé
Como eles conseguiram
A resposta é
Que eu vivo de milagres
Desta vez,
Vai ser mais um milagre
Eu não sei como Deus irá fazer
Mas eu sei vai ser perfeito
Como tudo o que ele faz
A resposta é
Que eu vivo de milagres
Desta vez,
Vai ser mais um milagre
Eu não sei como Deus irá fazer
Mas eu sei vai ser perfeito
Como tudo o que ele faz
A resposta é
Que eu vivo de milagres
Desta vez,
Vai ser mais um milagre
Eu não sei como Deus irá fazer
Mas eu sei vai ser perfeito
Como tudo o que ele faz
A resposta é
Que eu vivo de milagres
Desta vez,
Vai ser mais um milagre
Eu não sei como Deus irá fazer

CONCLUSÃO

Mas eu sei vai ser perfeito
Como tudo o que ele faz

Este livro foi impresso pela Edições Loyola
em papel pólen bold 70 g/m² em junho de 2022.